VIVIR MURIENDO

© M. Carmen Gadea Gimeno
Depósito legal: V-4158-2011
ISBN: 978-84-940109-7-2
Diseño y maquetación: Campgràfic Editors
Impresión: Martín Impresores

Tu recuerdo vivirá siempre en nuestros corazones

En recuerdo de Carmen Gimeno Ramos,
una mujer valiente, una madre excepcional y
una persona extraordinaria.

Gracias a mi marido, por su comprensión y apoyo incondicional, que han ayudado a que mi sueño se convirtiera en realidad.

Gracias por ser, al mismo tiempo, mi más acérrimo crítico y mi más ferviente admirador.

Índice

Introducción

"¿Qué pasaría si nos levantásemos una mañana y nos dijeran que tenemos una enfermedad de gravedad, incluso terminal? Es algo que a nadie le gustaría, y que significa muchísimos cambios en tu vida. Eso pasó en mi vida, pero no fui yo la que padecí la maldita enfermedad. No veo otra forma de nombrarla, cuando aparece en tu vida porque sí y destruye todos tus esquemas, derrumba todos tus proyectos..."

"Todo el mundo cree que es feliz hasta que llega un momento en el que se da cuenta de que, para ser feliz, se necesita una única cosa: el amor de los que te rodean. Está claro que sin dinero nada funciona en esta sociedad, pero qué es el dinero si no tienes salud para disfrutar de él: nada...."

"Esta vida es un camino a seguir, en el cual ocurren muchísimas cosas, algunas de ellas que no queremos recordar, pero sin embargo son esas mismas cosas las que nos hacen sufrir, y las que tenemos en la memoria el resto de nuestros días. Cuando se sufre una enfermedad grave en un núcleo familiar, hay que unirse mucho más para expulsar lo sombrío al exterior y quedarnos con lo confortable."

Capítulo I
La realidad

¿Cómo me gustaría empezar? No lo sé, solo sé que me gustaría contar mi historia, que aunque parece mentira ha ocurrido de verdad, y ha seguido el curso que se indica en este libro hasta su término.

Mi familia y yo vivíamos una vida típica, como todo el mundo vive, en nuestra casa con nuestros menesteres.

Somos una familia compuesta por los padres, y tres hijos, yo soy la menor de ellos, luego están mi hermano mayor y mi hermana.

Todo comenzó un día en que mi madre no se encontraba bien. Normalmente siempre crees que las madres son intocables, que son mágicas porque, al fin y al cabo, te han dado la vida y te han introducido correctamente en ella.

Mi madre, la mujer más fuerte que he conocido, empezó a encontrarse mal. Ella nunca había estado enferma y las pocas veces que la vi enferma siempre estaba ahí cuidando de nosotros.

Ella empezó a tener un dolor en el vientre y fuimos al médico, como se debe de hacer, pero el medico nos dijo: "no será nada". Mientras tanto, aquello que tanto nos cuesta nombrar (la enfermedad) iba haciendo mella en el cuerpo de mi madre, e iba poco a poco apoderándose de su salud.

Cada día que pasaba nos preocupábamos un poco más de la salud de mi madre, que hasta ese momento había sido más fuerte que una roca. Yo no tenía ningún recuerdo de haberla visto en la cama enferma, siempre sacaba un poco de fuerza para levantarse y hacer las tareas de la casa, se sintiera mal o no, y claro, te acostumbras a un ser tan animoso y especial, que al empezar con esto, todos estábamos un poco asustados, porque ella nunca se había quejado ni había mostrado gesto alguno de debilidad.

Así que optamos por llevarla al hospital, donde le hicieron placas, y más placas y no veían nada anormal, solo nos decían que debía ser dolor de vejez... ¡Dolor de vejez! Si mi madre nunca tuvo dolor alguno, cómo se puede pensar en semejante aberración. No es correcto que te digan lo que tal vez sea. Te deben dejar claro lo que verdaderamente es. Deben intentar localizar la causa exacta del dolor y encontrar un diagnóstico real y concreto.

Para eso les remuneran su trabajo, porque al fin y al cabo son ellos los que estudian durante mucho tiempo para poder ejercer como médicos, una palabra que, aunque no lo creamos, tiene más importancia de lo que parece. Ellos trabajan con vidas humanas, cuando te pones en sus manos, dejas tu vida en ellas, está claro que nadie es perfecto y todo el mundo puede equivocarse en un momento dado, pero ellos deben de tener mucho más cuidado que otros profesionales, como por ejemplo yo; yo soy contable y, si cometo un error, la empresa puede perder dinero, pero se puede recuperar de una u otra manera. Sin embargo, si un médico se equivoca, puede llegar a perder una vida, que no se puede recuperar **nunca**.

Mientras, nuestra incertidumbre continuaba creciendo, porque mi madre cada día que pasaba parecía que se iba consumiendo en su dolor, y no podíamos hacer nada, generándose la situación de mayor impotencia que se puede vivir.

Así pasamos un tiempo infernal, porque no le encontraban nada y ella cada vez iba sintiéndose peor. Hasta que llegó un punto en el que ya no estábamos dispuestos a esperar más.

Apareció en su cuerpo un síntoma diferente: se le hinchó el cuello, apareciendo unos bultos prominentes y extraños, por lo que nos dimos cuenta de que había algo que no iba bien, por mucho que los médicos nos dijeran que todo iba bien, y que no encontraban nada raro.

Mientras todo esto ocurría en nuestras vidas, ocurrió una desgracia: mi tía, la hermana de mi madre, que trabaja en un sanatorio de enfermos, tuvo un grave accidente de tráfico. Ella venía a ver a mi madre, como tantas otras veces había hecho con su pequeño coche. Es una mujer valiente porque, aunque ya era mayor entonces, conducía muy bien. Pero tuvo un percance: un autobús no la vio y se la llevó por delante, empujándola al carril contrario de la mediana, por donde venían otros vehículos a gran velocidad, que también la arrollaron. La pobre mujer quedó atrapada en su vehículo, pero los bomberos la rescataron. Nos llamaron diciéndonos que se encontraba en el hospital. Mi madre, que en ese momento estaba con todo el jaleo del dolor que aún no sabíamos lo que era, se puso muy nerviosa, así que nos fuimos todos al hospital a ver como estaba mi tía. La pobre estaba allí, tan pequeñita, en una cama del hospital, parecía tan frágil, tan indefensa...

Después la operaron porque, según nos dijeron los médicos, el cinturón de seguridad le había cortado la piel y, como consecuencia, le tenían que quitar un trozo de intestino. La ingresaron en la planta 5, digestivos. Aún recuerdo qué cruel fue verla tan apagada. Cuando fue a ver el coche, mi madre tuvo que contener las lágrimas, porque estaba completamente destrozado, era difícil de creer que alguien que viajase en él hubiese podido sobrevivir, pero mi tía sobrevivió. Hay veces que ocurren milagros.

Después del susto, parecía que todo continuaba su cauce normal. Nosotros volvíamos a sufrir con la incertidumbre de qué le estaba pasando a mi madre, que, para más inri, tenía que padecer ahora también por su hermana en el hospital. Cuando dicen que las desgracias nunca vienen solas, cuanta razón tienen...

Mi padre decidió conseguir ayuda por otros medios, porque parecía que no estaban haciendo nada por descubrir qué le pasaba a mi madre. No hacían más que darle medicamentos y ella cada vez iba a peor.

Era como si estuvieran dando palos de ciego, pero no quisieran asumirlo. Hay veces que no se puede tener a las personas con tal incertidumbre, los médicos no piensan en lo doloroso que es vivir una situación así.

Fuimos a hablar con un amigo de mi hermana, que es médico en un hospital privado, y aquel hizo lo que tendría que haber hecho el médico de cabecera desde un principio: al no ver la cosa muy clara, decidió que a mi madre debían hacerle unas pruebas más completas, porque, con el tiempo que había pasado, los médicos tendrían que haber diagnosticado algo ya, tendrían que haber visto algo... Nos pidió que fuésemos al hospital privado para que le realizaran las pruebas que él nos había indicado, y que volviésemos con los resultados, para que él los pudiera ver y llegar a alguna conclusión.

Todos con el alma en vilo, empezamos a luchar por ella y, aún sin saberlo, contra **el cáncer**, que por dentro la iba consumiendo poco a poco, a pesar de que nadie lo hubiese detectado todavía. Quién lo iba a decir.

Fuimos a hacerle las pruebas y, al ver los resultados, se dieron cuenta de que algo no iba bien y nos aconsejaron que nos fuéramos rápidamente al hospital con el resultado de las mismas.

Al llegar al hospital, enseguida descubrieron lo que pasaba: mi madre tenía cáncer, un linfoma no Hodgkin, y la enfermedad había hecho camino, al no darle un tratamiento adecuado.

Entonces empezó la cruda realidad.

Al principio cuesta de creer, es como si no se quisiera aceptar. Yo miraba a mi madre y no parecía estar enferma. Y es que el cáncer es una palabra tabú, aún en nuestros tiempos. Tenemos que hacernos a la idea de que es algo que se puede superar... aunque nadie quiere tenerlo cerca.

Capítulo II
Conformarse

A partir del momento del diagnóstico del cáncer, comenzó nuestra nueva vida, la de toda la familia, porque parece que no, pero en los momentos en los que alguien de tu entorno más cercano coge una enfermedad que puede llegar a ser terminal, te cambia la vida por completo.

Primero has de aceptarlo tú. Yo creo que todo el mundo debe aceptarlo porque, si no estamos todos de acuerdo, es muy difícil poder ayudar a la persona que en realidad va a tener que pasar las dificultades y consecuencias que conlleva un tratamiento de esas características.

Nosotros estábamos un poco desconcertados porque mi madre siempre había sido una de las personas más fuertes que habíamos conocido, y nunca hubiéramos pensado que pudiera pasarle nada malo. Cuando empezamos a ser conscientes de que ella era la víctima y de que nosotros teníamos que ser los fuertes y darle todo nuestro apoyo, sin derrumbarnos, para que ella pudiese seguir adelante, fue un poco difícil de aceptar, pero hubo que hacerlo.

Entonces comenzaron las visitas al hospital y empezaron a realizarle todas las pruebas pertinentes, que hasta entonces no le habían realizado, para descifrar qué era exactamente lo que tenía.

Al final, quedó claro el diagnóstico: mi madre tenía un linfoma no Hodgkin. Lo descubrieron al hacerle una biopsia del ganglio que se le había inflamado en el cuello. Se trata de un cáncer localizado. Intentaré explicar la enfermedad con mis palabras, tal y como yo la entendí, según las explicaciones que nos fueron dando los médicos, y también según la información que fuimos sacando de otras fuentes, con la esperanza de poder ayudar, de poder hacer algo....

Nuestro cuerpo está lleno de ganglios que, para el bien del organismo, realizan una serie de tareas que contribuyen al buen funcionamiento de los órganos que componen el cuerpo. Pues bien, cuando se produce un linfoma, dichos ganglios están inflamados y no están realizando las tareas que les corresponde, es decir, están atentando contra el cuerpo, y hay que contrarrestar su efecto para que el cuerpo no sufra las consecuencias y su posterior debilitación llegando incluso a la muerte. Así fue cómo yo lo entendí. Si fuera médico o conociera más conceptos de medicina, tal vez no lo describiría de esta manera, pero para mí es la única que hay y creo que es una forma fácil y clara de entender la crueldad de la dolencia. Mi descripción es la de una persona que se enfrentaba al hecho de que su madre tenía un linfoma, por lo tanto, de alguien del entorno de quien padecía la dolencia. En aquel momento, veíamos los síntomas y las complicaciones desde fuera, y no sabíamos que la vida nos iba a cambiar por completo. La unión básica sobre la que se asentaba nuestra familia de padre-madre, se derrumbaba.

Para mí, ello supuso la quiebra de la unión familiar. Ya no sabíamos qué podía pasar, porque cada día era completamente inesperado para cada uno de nosotros... Solo esperábamos que todo pasase, como si fuera un mal sueño. Yo llegaba a casa con la esperanza de encontrar a mi madre allí, esperándome, para calmarme con sus consejos, tan últiles y especiales para mí.

Como tardaron tanto tiempo en diagnosticarle la enfermedad a mi madre, el linfoma fue avanzando. Por eso se le hinchó el cuello: uno de los ganglios situados en él salió a la superficie. Los dolores que tenía en el vientre los provocaban los ganglios que le oprimían los nervios. Pero ello no se detecta en las radiografías, como pretendían los médicos en un principio, sino que se ve en resonancias,

TAC u otras pruebas oportunas.... Si desde un principio le hubieran hecho las pruebas necesarias, el cáncer no hubiera llegado a estar en el último estadillo. Según me explicaron, el cáncer tienen una serie de estadios que a su vez tienen una serie de estadillos, es decir, que pasa por una serie de etapas hasta que llega a un punto donde puede convertirse en terminal. En esta última etapa, ya no hay marcha atrás ni posible recuperación. El linfoma que padecía mi madre tenía cuatro etapas y, debido a la tardanza de los médicos en diagnosticar la enfermedad, ella ya se encontraba en la tercera fase.

Según el lenguaje médico, probablemente mi explicación pueda considerarse un poco breve, pero creo que para la gente corriente como yo misma me considero, puede ser más comprensible y fácil, de entender, tal y como me sucedió a mí y al resto de mi familia en aquel momento.

Nosotros tuvimos la suerte de contar con un médico en la familia, mi cuñada, y gracias a ella nos íbamos enterando de todo lo que iba aconteciendo, y de lo que significaban los complejos nombres utilizados por la medicina para describir y explicar la enfermedad.

Retomando la historia, mi madre se encontraba en la tercera etapa de la enfermedad, por lo que la ingresaron inmediatamente, para poder prepararla para el tratamiento de quimioterapia que le correspondía. Era duro, pero había que ser realista: cuanto antes empezaran a machacarla a ella, antes podríamos pensar en que todo pasaría, en que la enfermedad remitiría.

Por lo tanto, iban a ingresar a mi madre y también teníamos a mi tía en el hospital. La situación era cada vez más insostenible, porque no sabíamos a qué atenernos, a qué acogernos.

Mi madre tenía miedo a los hospitales y a los médicos. La pobre mujer lo pasó muy mal, y fue entonces cuando me di cuenta de que ella también podía ser vulnerable y convertirse en una víctima, aunque hubiese preferido enterarme de una manera menos cruel.

Al ser un cáncer localizado, situado en los ganglios, la quimioterapia que le iban a poner no era tan agresiva. Al principio tuvieron que ingresarla en el hospital y hacerle toda clase de pruebas, para averiguar qué clase de linfoma era, cuántos ciclos y qué cantidad de quimioterapia le correspondía.

Cuando empezaron a suministrarle la quimioterapia, una vez determinado el tipo exacto de linfoma, todo empezó a tener un poco más de claridad. Al principio fue bastante duro, porque a mi madre le daban pánico las agujas, fuesen como fuesen, y para pasar varios ciclos de quimioterapia le tuvieron que poner muchísimas agujas, por lo que lo paso terriblemente mal.

La primera sesión de quimioterapia la recibió estando ingresada en el mismo hospital, porque supongo que querían comprobar su reacción, para posteriores ciclos, y ver si realmente estaba lo suficientemente fuerte como para poder ir al hospital de día. Se trataba de una zona del mismo hospital que se dedicaba exclusivamente a sesiones de quimioterapia. Las personas enfermas iban a la hora que les indicaba su médico. Allí se sentaban en un sillón muy cómodo que había, y les ponían las bolsas de quimioterapia que les correspondían. Después les quitaban las agujas, los goteros y demás cosas, les hacían una breve cura y volvían a su casa a recuperarse de todo el veneno que corría por sus venas en ese momento.

Cuando ves por primera vez las bolsas de quimioterapia, tienes sentimientos enfrentados. Por un lado, representa una esperanza de que todo pueda terminar. Por otro lado, es inquietante que ese líquido de colores, algunas veces tan raro, pueda terminar con el cáncer. Se trata de algo sorprendente e inexplicable.

Por lo tanto, el hospital de día contribuye a que las personas enfermas puedan vivir con mayor normalidad, en compañía de sus familiares y amigos. A mí me gusta que existan estas zonas en los hospitales, en las que los enfermos pueden regresar a sus hogares y hacer rutinas lo más parecidas posible a su vida cotidiana.

Volviendo al caso de mi madre, no recuerdo exactamente los ciclos que los médicos le tenían que suministrar. Lo único que recuerdo claramente es que tenía que ir cada 21 días a hacer una visita al hospital. Cuando volvía a casa podía estar mejor o peor, porque los efectos secundarios de la quimioterapia son muchos y muy irregulares, variando según distintos factores. Tiene muchos agentes relevantes que a cada persona le afectan de una manera. Lo más frecuente, que se da en prácticamente todo el mundo, es que provoca la caída del cabello y el ablandamiento de las uñas.

Mi madre, como cualquier otro paciente, también tenía dichos efectos secundarios, que afectaban a toda la familia. Ella era quien realmente los padecía, pero nosotros también sufríamos, porque no te gusta ver a una persona querida afectada por sudores, fiebre, vómitos.... Aunque fuese por un buen fin, el proceso era muy desagradable y sufrirlo en tus propias carnes debe ser muy cruel.

A mí lo que más me impresionó fue la caída del pelo. Nosotros no éramos del todo conscientes de lo que estaba pasando. Al principio, parece que lo que está ocurriendo no sea cierto. Nosotros íbamos tanteando poco a poco el nuevo terreno donde pisábamos. Los médicos procuran instruirte, para prepararte para lo que vas a vivir. Toda la familia debe estar completamente unida: es una de las cosas más importantes a tener en cuenta cuando se produce una situación así. Debe haber solidaridad entre los distintos miembros, para evitar la desorganización y las tensiones entre las personas sanas, sometidas a mucha presión.

Es habitual que los nervios estén a flor de piel y que todo el mundo esté más irritable de lo normal, ya que se tiene que hacer frente a situaciones límite, muy difíciles de soportar. Lo más fácil es pagarlo con la gente más cercana, pero hay que intentar dejar a un lado enfados y discusiones y pensar únicamente en el enfermo, intentando ayudarlo en todo lo posible y olvidándose de todo lo demás.

Al principio, mi madre padeció mucho por el tema de la caída del pelo. En este aspecto, las mujeres lo pasan mucho peor que los hombres, porque la imagen es fundamental en la sociedad en la que vivimos actualmente, llegando incluso a ser cruel con aquellos que no se ajustan a los cánones establecidos. Por lo tanto, la imagen es una de las normas principales que rigen la sociedad, aunque en la mayoría de ocasiones la apariencia no sirva para nada, sea una mera fachada que no permite valorar sinceramente la integridad de las personas. ¿Por qué debemos de regirnos por criterios de imagen, de moda? No debería ser así, pero en cuanto se pulsa el botón que enciende la televisión, queda patente que todo se rige por estas normas, ¡todo!

Mi madre, solo de pensar en la idea de la caída del pelo, estaba bastante apagada. Era como si le fueran a quitar un fragmento de ella misma. Nosotros tampoco queríamos que ocurriese, porque teníamos una imagen de nuestra madre, y no queríamos que cambiase. Pero pensándolo bien, te dabas cuenta que no pasaba nada por perder el pelo. Con todo lo que había ocurrido, yo la quería y la adoraba incluso más que antes. Fue la que me dio la vida, y gracias a la cual tengo el don de darla yo.

Pues bien, ella comenzó a recibir sesiones de quimioterapia, con lo que empezamos a hablar de su posible caída del cabello. Ella al principio era un poco reacia a oír dichos comentarios, y se escudaba en que había oído decir que el pelo no se le caía a todo el mundo. Sin embargo, nosotros le dijimos que era mejor que se hiciera a la idea, porque si no, aún le resultaría más difícil asumirlo; y que si después de todo resultaba que a ella no le caía el cabello, eso que había ganado. Pero le costó entrar en razones. Ella tenía muchísimo carácter, y es muy difícil para una persona de esas características, asentir y aceptar los argumentos de los demás, sin discutir.

Después de varias sesiones de quimioterapia, parecía que tenía el pelo bastante debilitado. Estuvimos hablando todos los miembros de la familia y decidimos buscar una de esas peluquerías especiales, en las que antes de que se te caiga el pelo, te realizan una prótesis que es una réplica exacta de tu pelo. Sin embargo, para que sea igual, debes ir antes de que tu propio pelo cambie por cualquier razón.

Así que cogimos a mi madre, la cual ya estaba un poco débil por los efectos de la quimioterapia, y nos fuimos mi padre, mi hermana y yo a la peluquería, a ver lo que ocurría.

Nos la había recomendado una peluquera que conocía sus servicios. Al principio fue todo muy bien. El señor que nos atendió nos contó lo que tardaría y cómo era el proceso: le iban a tomar una medida exacta de su cabeza y a coger un mechón de pelo para copiar en color y la textura, para poder hacer una réplica lo más fiel posible. Sin embargo, cuando le dijimos que ya estaba recibiendo sesiones de quimioterapia, el señor le tocó el pelo a mi madre, para ver como iba, y se dio cuenta de que estaba totalmente suelto. Se mantenía en la cabeza, pero estaba muerto, sus raíces ya no estaban cogidas sino que estaban totalmente sueltas. Nos recomendó que no se lo lavara, porque se le caería del todo. Fue entonces cuando le cogió un mechón de pelo, que se le quedó en la mano, y a mí me dio tal impresión que me tuve que salir.

Había ocurrido: había perdido su pelo, que solo se mantenía en la cabeza por simple inercia, porque las raíces estaban sueltas.

Nos fuimos a casa, y nos dijeron que ya nos llamarían para ponerle a mi madre la prótesis que le iban a construir.

Mientras, ella seguía recibiendo sus sesiones de quimioterapia para completar los ciclos y poder destruir la enfermedad que la estaba consumiendo por dentro.

Al cabo de unos días, fuimos a por la prótesis. Era espectacular, no se notaba en absoluto que era una peluca, porque la llevaba pegada a la cabeza. Primero le raparon al cero el poco cabello que le quedaba vivo y después se la pusieron. Tenía que haber alguien de la familia para aprender a realizar las tareas, para cuando ella quiera quitárselo y posteriormente volvérselo a poner, así que yo me ofrecí.

Me explicaron como debía lavarla, como tenía que quitársela, con unos líquidos especiales, y también cómo tenía que volvérsela a poner, con unas cintas que se pegaban en la propia cabeza.

No era muy complicado y pronto aprendí a hacerlo bien. Mi madre ya tenía su pelo, y siempre estaría igual. Ya se podía mirar al espejo y ver que era ella realmente, que estaba completa. Y ya nadie se quedaría mirando con descaro, como hace la gente, que es muy desvergonzada y no se da cuenta de que eso hiere al propio enfermo, que no solo tiene que aguantar el hecho de no estar completo, de que le falte incluso su propia dignidad, sino también las miradas curiosas de la gente, que es malvada y no piensa en las consecuencias de sus actos.

Así que comenzamos una nueva vida, pensando que todo iba a mejorar, porque ya sabían lo que mi madre tenía, y ya la estaban tratando para curarla, aunque para ello tuvieran que aplicarle un tratamiento tan duro y tan desagradable como la quimioterapia.

La enfermedad continúo con su evolución normal, o eso creíamos nosotros, porque como nunca habíamos tenido ningún caso en la familia, no sabíamos exactamente si iba por sus cauces habituales o no.

Ella hacía una vida más o menos normal, porque estaba en su casa, que para ella era lo mejor que le podía pasar. Cuando estás en tu hogar, cambian mucho las expectativas de soportar un mal trago como es una enfermedad. Al estar en tu ámbito, es como si tuvieras más fuerza para luchar contra todo y, además, tienes a tu alrededor a tus seres queridos. Yo creo que es la mejor manera para superar graves dificultades. Por ejemplo, comes lo que te apetece y cuando te apetece. Tienes más independencia que estando en un hospital, aunque no por ello estoy criticando a los hospitales, porque la verdad que no tengo queja alguna. Siempre hay cosas que no te parecen del todo bien, pero en el cómputo global, la atención que recibimos en los hospitales fue muy buena.

Es cierto que mi madre estaba en una situación muy delicada, con una enfermedad muy grave que puede llegar a causar la muerte. Por ello, el personal que te atiende en estas zonas del hospital esta más concienciado, y es muy amable y atento. Son como ángeles que te rodean y te ayudan a sobrellevar mejor la situación. Siempre hay alguna piedrecilla en el camino, pero todo se puede soportar con ánimo y amor.

Por suerte, en el caso de mi madre, ya estábamos en el camino de vuelta a la normalidad.

Capítulo III
Continuar viviendo

Parecía que todo evolucionaba con normalidad: mi madre tenía un diagnóstico claro y los médicos tenían los resultados de las pruebas pertinentes; todo estaba dispuesto para poder empezar a extinguir el cáncer que se había introducido en la vida de mi madre, que hasta ese momento había sido una vida de lo más normal, sin ningún cambio importante, y que ahora, sin proponérselo, se había convertido en una vida bastante movida. La enfermedad había llegado sin avisar, y nos tuvimos que adaptar a la situación, no podíamos hacer otra cosa. Si este tipo de cosas se pudiesen saber con antelación, seguro que se toleraban mejor, pero no es así.

Creo que es injusto, pero al final llegas a la conclusión de que no se puede hacer nada. Aunque, en realidad, sí que se puede hacer algo: se puede intentar que la persona que lo sufre lo pase lo mejor posible, hacer todo lo que esté en tu mano para mejorar su situación, aunque a veces te dé la sensación de que no sirve para nada tu interés, tus consejos, tus días a su lado... porque ella no lo ve, esta absorta en sus pensamientos, pensando que quizá no va a ver pasar el año... Es duro, pero todo tiene un sentido y hay que lograr llegar al interior de la situación. Hay que ser íntegro y dejar la superficialidad para la gente que no entiende o no quiere entender.

Una situación de estas características no se llega a comprender del todo hasta que no la vives en primera persona. Yo había conocido situaciones similares, pero siempre las había visto desde fuera, a través de algún amigo, pero nunca lo había tenido tan cerca ni había sido tan doloroso. Es difícil de describir, pero un sentimiento se despierta dentro de ti: el de la esperanza. No quieres pensar en lo peor, siempre crees que se encenderá una nueva luz para continuar avanzando en el camino tan pedregoso y empinado que se avecina.

También es cierto que mi madre tenía muchísima fe. Era católica practicante, al igual que yo, y se encomendó a Dios, pidiéndole por su vida, apoyándose en una fe grandiosa.

Yo recuerdo que unos meses antes de que todo ocurriera, me fui con mis amigos de excursión a Onda, un pueblecito bastante pintoresco. Estuvimos paseando por él y llegamos a su iglesia, muy bonita por cierto.

Pues bien, yo vi un folleto de una beata. Se llamaba Madre Petra, y como conocía la devoción que mi madre y mi tía tienen por los Santos, decidí coger dos y dárselos. Era un folleto bastante especial, donde la gente contaba lo que había hecho la Madre Petra por ellos, así que estaba segura de que les iba a gustar. Cuando se los entregué, les gustó mucho. Además, no habían oído hablar de ella, y por ello les fue aún más interesante.

Mi tía, que ya había salido del hospital después de su grave accidente, que fue un gran susto, pero del que se recuperó muy bien, estaba ahora junto a nosotros, para ayudarnos a soportar todo lo que nos faltaba por pasar con mi madre. Mi tía es también una mujer muy fuerte y muy emprendedora, y siempre tiene fuerza para acompañarte en los peores momentos. Su apoyo era imprescindible, sobre todo porque mi madre la quería muchísimo, al igual que nosotros, y la necesitaba cerca.

Así que sin darme cuenta, le estaba dando a mi madre algo a lo que se acogería durante toda su enfermedad. Le estaba entregando un simple folleto, pero que para ella iba a ser un objeto al que se agarraría rezando por su vida, entregándole todos sus pensamientos, tanto en los momentos de debilidad como en los de fortaleza.

Ahora me siento muy feliz porque fue una reacción refleja, no pensé que sería tan importante. Mi madre era para mí lo mejor de mi vida, gracias a ella yo tengo mi propia vida, vida que ella me ha dado y a la cual me ha incorporado con una educación firme pero también especial.

Siempre piensas que no vas a poder hacer por tu madre lo que ella ha hecho por ti porque, en realidad, para devolver todo lo que tus padres han hecho por ti, haría falta toda una vida. Despúes, tú harás lo mismo por tus hijos, ya que la vida es como una película, donde las cosas van pasando poco a poco.

Sesiones de quimioterapia

Yo acompañé a mi madre a alguna de las sesiones que tuvo que soportar. La verdad es que es muy triste, porque toda la gente que hay en esos sitios está muy apagada y apenada, pero tiene muchos motivos para ello: le han cortado las alas, le han quitado un poco de su ser y están luchando por volver a ser como eran antes de que todo pasara.

Mi madre sobrellevó bastante bien todos los ciclos que le iban poniendo. Alguna que otra vez tuvo problemas con las agujas. Eso fue duro porque, como ya he comentado anteriormente, mi madre tenía pánico a las agujas, fueran cuales fueran y, claro, cada vez que le ponían el ciclo de quimioterapia, tenían que clavarle una aguja para meterle por vena los líquidos tóxicos, de colores varios. Dichos líquidos dejan todo hecho añicos allá por donde pasan, acaban con las células cancerígenas, pero también con las células buenas. Pero no hay otra opción, es la única manera que hay hasta ahora para curar el cáncer. Puede que en un futuro llegue un tiempo en el que se creen medicamentos que solo ataquen a las células cancerígenas y dejen el cuerpo tal y como está. Eso sería genial, y creo que la medicina debería seguir investigando hasta conseguirlo, aunque siempre aparece alguna enfermedad nueva que rompe con todos los esquemas de la medicina. ¿Por qué?

Este mundo en el que vivimos está infectado de virus, y no sabemos realmente si dichos virus aparecen de la nada, o bien son creados por los propios científicos para disminuir la densidad de población. Yo no sé qué pensar, lo dejo a vuestro juicio.

Todo seguía bien. Mi madre, después de pasar por todos lo ciclos que le correspondían, ya sólo tenía que ir a pasar las revisiones porque, eso sí, una vez te detectan una enfermedad de estas características, tienes que pasar revisiones periódicas el resto de tu vida, o al menos hasta que tu médico lo crea oportuno, para comprobar que estás bien, porque siempre hay un posible riesgo de que se vuelva a reproducir.

Las cosas habían vuelto prácticamente a la normalidad. Mi madre empezó a recuperar las fuerzas, porque la quimioterapia la había dejado un poco débil, ya que acaba con muchas células que son buenas para el cuerpo, el cual tiene que ir poco a poco regenerándolas, para volver a su estado normal. También fue recuperando su pelo. Al principio fue curioso, porque le salió completamente diferente a como ella lo tenía antes de que todo ocurriese: le salió rizado, pero eso es porque sale muy fuerte, sale completamente nuevo, ya que todas las células capilares son nuevas. Empezamos a ver a mi madre como era anteriormente, y toda nuestra vida volvía a estar encauzada. Cuando tienes a alguna persona de tu entorno más cercano en el hospital, no te acuerdas de nada, ni de comer... Es como si estuvieras viviendo una pesadilla que nunca se acaba, de la que quieres despertar y no puedes, sencillamente, porque es la pura realidad.

Nosotros estábamos muy felices. Mi madre iba a las revisiones y el médico estaba muy contento con todos los resultados. Ella iba evolucionando favorablemente al tratamiento al que había sido sometida, parecía que el linfoma había desaparecido y que todo volvía a ser normal.

Mi hermano, que quería casarse con mi cuñada, estaba esperando a que se recuperara un poco mi madre para celebrar la boda, y aprovechó que mi madre ya parecía estar recuperada para realizar dicho evento. Entonces ella ya tenía pelo, y estaba muy guapa con el pelo cortito y con las ganas de vivir que tenía de nuevo en su cuerpo.

Y celebramos una boda muy bonita, con toda la familia, que es lo más importante para nosotros: estar todos juntos y unidos. Mi hermano es el mayor de los tres, somos dos hermanas y él. Mi hermana ya estaba casada desde hacía bastante tiempo. En cambio él, a pesar de ser el mayor, aún no se había casado, aunque estuvo saliendo muchísimos años con la que ahora es su mujer. Al final, la boda se retrasó un poco más de lo previsto, ya que tuvo que esperar hasta que mi madre estuviera bien, pero yo creo que eso no importa. Lo importante es que ella estuviera en la boda y se encontrase bien, que pudiera contar con la presencia de todos los miembros de la familia, todos muy alegres y contentos porque parecía que la pesadilla que habíamos vivido estaba alejándose, y apenas la recordábamos ya. Yo lo recuerdo como algo muy especial.

En esos momentos piensas en lo grande que es la vida, y en lo especial que es el amor que se siente por una madre. Cuando la tienes no la valoras, pero, sin embargo, cuando eres consciente de que algo puede sucederle, te das cuenta de lo que realmente vale.

Creo que, tanto una madre como un padre son los pilares básicos de toda familia.

Mientras, mi madre seguía con devoción a la beata que yo le había traído de mi excursión a Onda.

Era increíble cuando la veías rezando y hablando de Dios. Ella tenía muchísima fe y era muy especial. Durante su vida siempre nos inculcó su fe, así como otra serie de valores que toda persona debería de tener, como la humildad, la bondad, la paciencia. Mi madre fue siempre para mí como mi mejor amiga, esa amiga a quien le puedes contar lo que sea porque siempre te dará un buen consejo, nunca te dirá nada malo, por envidia u otras razones. Ella siempre quería lo mejor para mi, y yo, como hija, también quería lo mejor para ella.

Aunque discutíamos bastante, pero, como se suele decir, en el fondo de nuestra alma, nos queríamos muchísimo.

Para mí, mis padres siempre han sido un punto de apoyo fundamental. La verdad es que me dan lástima todas aquellas personas que no tienen a su lado a sus padres, porque, o bien los han perdido o, en el peor de los casos, han sido abandonados; deben de tener una vida vacía y totalmente austera. ¿Quién mejor que tus padres, te puede aconsejar y ayudar en todo lo que te propongas en la vida? Aunque llega un momento en la vida en el que tus padres se quedan ahí, a tú lado, mientras tú continuas con tu vida, te casas o te vas a vivir sola, y empiezas a pensar en cómo será tu vida adulta, por dónde irá su trayectoria. Puedes pensar en casarte o en tener algún hijo… Hay tantas cosas, que cuando eres joven apenas te das cuenta, pero que poco a poco tienes que ir descubriendo por ti mismo. Tus padres te ayudan, pero no estarán ahí eternamente. Es duro, pero es la realidad. Todo pasa en esta vida, y lo único que importa es que pase lo mejor posible.

Todo el mundo desea tener una vida totalmente agradable, pero yo creo que eso solo es posible en la ficción, porque en la realidad siempre hay obstáculos, y, por muy pequeño que sea el problema al que enfrentarse, puede hacer que todo se desmorone, Sin embargo, no es necesario tener una vida perfecta para que sea completamente feliz.

Nosotros volvíamos a ser felices. Después de la enfermedad, todo se estaba normalizando. Era como si nada hubiera pasado, como si hubiera sido un mal sueño, una pesadilla, de la te acuerdas vagamente, pero que no quieres recordar, sino olvidar, como si estuviera a una gran distancia de ti. Y comenzamos a pensar en un futuro próximo, porque, cuando estas en una situación como la nuestra, te cambia totalmente la perspectiva. Todo varía: futuro, planes... todo gira en torno a la gravedad de la enfermedad, al tratamiento, al hospital... todos tus pensamientos se centran en superar la situación.

Yo en esos momentos estaba trabajando y estudiando a la vez, y la verdad es que fue un poco duro, porque no puedía concentrarme ni en el trabajo, ni en los estudios, pero poco a poco me fui acostumbrando a convivir con la situación y a sobrellevarla lo mejor posible.

Sin embargo, cuando parecía que ya se había solucionado todo, la situación cambió radicalmente.

Capítulo IV
Incoherente situación

De repente, toda la normalidad, que sentíamos ya tan cerca que casi podíamos tocarla, se truncó. ¡No podía ser!

¿Qué estaba pasando? ¿Por qué?

Ella fue a una de las revisiones que le correspondían del linfoma, una revisión completamente normal, donde le hacían una analítica y una serie de pruebas para comprobar cómo seguía la recuperación de la enfermedad que ya había superado —o al menos eso parecía—, y hubo un percance. El médico, al ver los resultados de la analítica, se puso nervioso. Empezó a mirar y remirar la analítica porque, al parecer, había alguna irregularidad que no era normal. Le dijo a mi madre que iba a pedir una nueva analítica, porque debía de haber un error, y así él también se quedaba más tranquilo. A mi madre la envió a casa, diciéndole que ya la llamarían, y ella y mi tía, que habían ido las dos mano a mano, con el tren, cogieron el tren de regreso a casa. Estaban un poco asustadas, un poco nerviosas por lo que había pasado. ¿Qué era lo que realmente había visto su médico en la analítica? ¿Cuál sería la causa de su nerviosismo? Mi madre se encontraba perfectamente, y no entendía muy bien lo que había sucedido en la consulta de su médico.

Para su desgracia, y también la nuestra, cuando mi madre llegó a casa, pensó en mirar el contestador, a ver si había algún mensaje sobre el resultado de la segunda analítica que le habían hecho, y sí que lo había. Había un mensaje de dolor para todos, un mensaje, en el que brevemente decían que la Sra. Carmen debía ingresar inmediatamente en el hospital, que no debíamos perder tiempo alguno, porque el transcurso de los hechos hacía pensar que la situación era grave.

¿Qué estaba ocurriendo? Necesitábamos que nos explicaran cuanto antes qué era lo que le pasaba a mi madre.

Cuando todo empezó a aclararse, nos fuimos enterando poco a poco de la nueva situación de mi madre, la cual ya creíamos totalmente recuperada. Tenía leucemia y debía ingresar inmediatamente para seguir un tratamiento de quimioterapia, que en este caso no era en el hospital de día, ya que la quimioterapia que ponen cuando se trata de una leucemia, es mucho más agresiva y los pacientes deben de estar ingresados durante todo el tratamiento.

No podía ser, mi madre se encontraba bien. ¿Por qué estaba enferma de nuevo? No se lo merecía. Todo se había derrumbado de nuevo.

Nuestros futuros proyectos iban desmoronándose, al igual que nuestra alegría. Poco nos duró la felicidad de tener a una madre sana. Ahora la situación era peor, porque ahora era más grave la enfermedad que poseía y, además, iba a ser ingresada sin fecha de alta.

La incertidumbre para todos era mayor que al principio, porque se trataba de algo diferente, era una situación de la que no conocíamos las consecuencias, aunque intentábamos no pensar en ellas y tener esperanza, pensar que todavía no sabíamos cómo acontecerían los hechos. Al principio el impacto es tan fuerte que te cuesta respirar, es como si de repente te quitaran el aire, como si te metieran en una caja de cristal donde no se pudiera respirar. Yo no conseguía asimilar la situación: ¿que mi madre tiene leucemia? ¿Por qué ella de nuevo?

Pero no puedes hacer otra cosa que intentar aceptarlo poco a poco y comenzar a practicar tu falsa cara, porque cuando estás delante de ella, tienes que aparentar que todo está bien, que estamos todos bien, aunque por dentro tu ser se esté consumiendo, y estés deseando llorar y chillar. Te gustaría contarle cómo te sientes, como siempre lo has hecho, siendo ella tu confidente, pero no puedes hacerlo. Ahora debes ser tú su confidente, ¿a quién le cuentas tus miedos, tus pensamientos?

Pues bien, a mi madre la ingresaron, si no recuerdo mal, un miércoles en el hospital, que iba a convertirse en su segunda casa, tanto para ella como para nosotros, y el mismo viernes de esa semana, ya estaba previsto ponerle el primer ciclo de quimioterapia, el ciclo de choque. Normalmente, cuando son pacientes que van a recibir por vena varios tratamientos, les suelen poner lo que se llama un catéter, que es por donde entran dichos medicamentos, y van directos a las venas principales de nuestro cuerpo. Por los comentarios que escuché, suele ser bastante dolorosa la operación para introducir dicho aparato en nuestro cuerpo, por lo que nosotros padecíamos por ella.

Al final, no sé si por las venas tan buenas y claras que poseía mi madre, no le pusieron un catéter, sino que le pusieron un drum (no sé si está bien escrito, pero espero que lo entendáis) que constaba de un tubillo, que se le introducía por la vena de uno de los brazos e iba directamente a la aorta... También es una operación algo dolorosa, pero parece ser que a menor escala que la del catéter. Los médicos introducen el drum hacia dentro pero luego han de hacer una radiografía y ver exactamente si lo han hecho en la medida adecuada, es decir, que puede ser que a veces se pasen y lo tengan que sacar un poco antes de dejar listo al paciente. Sin embargo, la otra situación que se puede producir es que no lo hayan introducido lo suficiente, con lo que tienen que volver a sacar totalmente el drum, e introducirlo de nuevo. Mi madre tuvo la suerte de que se lo introdujeron un poco más de lo indicado, pero solo tuvieron que sacarle la parte que no correspondía, y ya quedo preparada la vena por donde iba a entrar el tratamiento para luchar contra la leucemia.

Cuando ponen el drum a enfermos de leucemia, hay veces que también les ponen en el otro brazo otra vía, por si acaso tienen que contrarrestar los efectos de la quimioterapia con bolsas de sangre, plaquetas, etc.

Es una situación bastante incomoda, pero si has de soportarla, no tienes más remedio.

Nos encontrábamos ya ante un nuevo panorama. Ella estaba ingresada, en su habitación, y ya tenía puestos todos los aparatos que le correspondían, así que iba a empezar su segunda batalla por seguir viviendo, por seguir estando a nuestro lado.

Todo comenzó. Le pusieron el primer ciclo de choque, y fue tal, que mi madre quedó totalmente destrozada. Era como si la hubieran apaleado. Apenas se movía y estaba muy débil, ya que de un golpe intentan acabar con el máximo número de células cancerígenas que tenga nuestro cuerpo. Pero claro, para ello también tienen que acabar con un número igual de células buenas, con lo que el cuerpo se queda como desnudo, porque muchas de las defensas de nuestro sistema inmunológico desaparecen, con lo que el cuerpo está indefenso ante cualquier enfermedad, incluso frente a un simple resfriado, porque no tiene defensa alguna para poder luchar contra él. Por ello, se puede llegar a convertir en una enfermedad grave. Es lo más peligroso de estas enfermedades: que al no tener defensa alguna, la persona puede contraer cualquier otra enfermedad. Por eso, las personas que estamos alrededor, tenemos que cuidar al máximo nuestra ropa y nuestra higiene, para no introducir en la zona donde se encuentra la paciente ninguna bacteria o virus que pueda afectarle.

Nosotros estábamos asustados, porque esta situación era muy diferente a la que habíamos vivido anteriormente. Ella estaba recibiendo un tratamiento completamente diferente, incluso había tenido que ingresar en el hospital, y no sabíamos cuánto duraría exactamente, ni qué iba a pasar realmente.

Al ponerle el primer ciclo de quimioterapia y mi madre quedar tan abatida, todos pensamos en lo peor, pero nunca llegamos a decirlo en voz alta, nunca decías lo que pensabas en voz alta, por miedo a que se convirtiera en realidad.

Mi madre, al quedarse tan débil, cogió un resfriado que se convirtió en una neumonía caótica. Estaba muy grave, ni siquiera los médicos sabían lo que podía pasar. Le administraron oxígeno, incluso la pusieron en una habitación a ella sola, como medida de seguridad, para que tuviera el menor contacto posible con otras bacterias, porque la verdad es que ya tenía bastante con lo que ella tenía. Fueron unos días terribles, no sabíamos a qué atenernos, ni lo que iba a pasar.

Así estuvimos varios días, ya no recuerdo si fueron incluso semanas, pero cuando estás viviendo desde dentro una situación así, ni siquiera eres consciente del paso del tiempo.

Quien lo iba a decir, mi madre tenía Leucemia y se estaba muriendo de una neumonía. Eso es lo que pasa con los enfermos en estas características: la mayoría no mueren de la propia enfermedad, sino que mueren de una simple infección que para nosotros, que estamos sanos, no sería nada, pero que para ellos, se convierte en mortal.

Yo no pensaba que era tan cruel la vida hasta que empecé a vivir esta etapa. Nunca piensas que puedas soportar lo que soportas, nunca piensas que puedas entrar en una habitación donde se encuentra tu madre moribunda y puedas estar allí entera, sin llorar, mirándola a la cara y preguntándole cómo ha ido todo, cómo se encuentra, e incluso intentando animarla, sabiendo, por supuesto, que no se puede, porque parte de la esperanza que tú has perdido, ella ya la perdió hace tiempo. Pero mi madre era muy fuerte y siempre ha pensado positivamente en todas las situaciones. Ello no quiere decir que no se haya derrunbado alguna vez, pero ha tenido motivos para hacerlo.

Porque a nadie le gusta que le quiten la libertad, como se la quitaron a ella, se la arrancaron de las manos, no la dejaron ni saborearla, ella iba a una revisión creyendo que todo iba bien, y se encontró con un agujero negro, tan oscuro y largo, que no podía ver el final.

Todos estábamos abatidos, sin saber lo que podía ocurrir, aunque siempre te quedaba una mínima esperanza que nunca perdías, porque creo que entra dentro de la dignidad de toda persona humana, y nos aferramos todos a esa misma pequeña esperanza, que parecía que poco a poco se alejaba sin dejar rastro.

Ella continuaba con la neumonía y, también con unas fiebres que algunas veces eran tremendamente altas. Era terrible, porque los médicos no podían bajárselas, había incluso ocasiones en las que que la tenía tan alta, que le ponías los paños calientes y quemaban, era algo increíble.

Nosotros íbamos quedándonos con ella por la noche, porque durante el día mis hermanos y yo trabajamos y no podíamos disponer del tiempo que hubiéramos querido para estar a su lado. En estos momentos de debilidad se incorporó a la unión familiar mi tía. Como ya he dicho, ella es la hermana de mi madre, la única que le quedaba porque los demás hermanos habían fallecido. Está soltera, y vino a ayudar en lo posible, sobre todo para estar con ella en el hospital durante el día, turnándose con mi padre. Por la noche podíamos quedarnos nosotros, pero durante el día alguien tenía que estar a su lado, sobre todo en ese momento, que estaba tan grave.

Durante esos días no te paras a pensar si estas cansado, si has dormido, nada te importa salvo que llegue el momento de acabar de trabajar, o de hacer lo que tengas que hacer, y puedas ir con ella, para verla aunque solo sean unos minutos, pero quieres comprobar que se encuentra viva y que aún respira. Esa era la necesidad más importante en ese momento y todo lo demás quedaba relegado a un segundo plano.

Estábamos todos unidos: mi tía, mi padre, mis hermanos y yo. Parece que cuando lo sufres en compañía, cualquier acontecimiento se te hace más llevadero, aunque a veces hay disputas, discusiones, incluso enfados, con la gente más cercana, porque por dentro de ti corre una rabia inmensa, provocada por el hecho de querer que se termine dicha situación y no poder hacer nada para conseguirlo. Acabas por echarle la culpa a alguien, casi siempre de tu entorno más cercano.

Yo sé que me porte mal, me porte mal con mi tía, porque ella quería lo mejor para mí, pero yo no podía soportar que me dijera que no podía quedarme por la noche con mi madre. Yo era joven, estaba trabajando y a la vez estudiando y apenas tenía tiempo, pero el poco tiempo del que disponía lo quería pasar en el hospital con ella, con mi madre.

Mi tía intentó imponerse, por mi bien, porque no quería que me hundiese, o incluso que enfermase, porque, cuando eres joven, crees que puedes hacer todo lo que te propongas, pero no es así, también tienes tus limites, y debes saber hasta donde puedes llegar. Tienes que pensar que todo tiene un límite y no puedes sobrepasarlo, porque nadie es eterno y, sin darte cuenta, incluso puedes ponerte a ti mismo en una grave situación.

En aquel momento yo no lo veía de esa manera, lo veía como una amenaza, e incluso discutimos y estuvimos un tiempo sin hablar la una con la otra. Ahora me arrepiento de todo, me arrepiento de haber sido en parte un poco egoísta, y también me arrepiento de haber hablado mal en algunos momentos a mi tía, porque yo a mi tía la adoro, y debía de haber pensado que ella quería cuidar de todos nosotros, porque ella pensaba que al estar mi madre tan enferma, ella podía ser un apoyo para nosotros, porque ella sabía muy bien que nosotros éramos una piña con mis padres, siempre habíamos estado muy unidos. También ha habido alguna diferencia, pero ¿en qué familia no la ha habido?

Nosotros teníamos una unión especial. Incluso había veces que con una sola mirada sabíamos lo que pasaba. Además, cuando te ocurre una cosa así, es como si se necesitara la unión para poder superar mejor dichas situaciones.

Siempre que te ocurre algo malo, algo difícil, buscas de tus familiares para que te ayuden a superarlo. Así parece que se superan mejor las adversidades, o por lo menos parece que te sientes más importante, y tienes más fuerza para llegar al final de todo. Todo el mundo en ocasiones necesita de sus seres queridos, cada cual en su medida, porque todos no somos iguales, pero cuando nos pasa algo, siempre necesitamos, por una parte, contarlo y desahogarnos, y, por otra parte, apoyarnos en alguien y que nos digan que todo pasará y que volverá de nuevo la normalidad.

A todos nos gusta tanto amar como ser amados, ya sea en la medida que sea, y en las condiciones que cada cual estime oportunas para sí. El amor es muy importante en la vida de toda persona.

¿Qué haríamos sin amor?

Mi madre continuó luchando contra la neumonía. Había días que parecía que estaba acabando con ella, porque estaba muy abatida y apagada. Era una mujer que había recibido varios golpes fuertes, y toda persona, después de recibir varios batacazos, queda un poco destruida. Además, era una persona relativamente mayor, y no es lo mismo afrontar una enfermedad cuando eres joven que cuando eres mayor, y ya llevas muchos años a las espaldas, y no precisamente fáciles, como ocurría en el caso de mi madre.

Nosotros no perdíamos la esperanza, estábamos a su lado, día y noche, esperando que se produjera un cambio, un simple cambio que nos abriera la luz de la esperanza, la luz que indicase que la enfermedad estaba remitiendo.

Nosotros estábamos muy asustados, porque ella luchaba por seguir viviendo, por superar la grave neumonía que estaba padeciendo en esos momentos. Era una situación muy triste, pero real.

Y poco a poco, como un pequeño milagro en nuestras vidas, mi madre fue realizando una serie de avances en su enfermedad, superándola poco a poco. Todos estábamos muy felices, porque veíamos como iba recuperando su fuerza, y su vitalidad.

Gracias a Dios, ella volvía a estar con nosotros, volvía a ser la misma, y volvía a hablar, a discutir. Después de golpes así de fuertes, en los que te dicen que es posible que tu madre no supere la enfermedad, es como si te quitaran una parte de tu propio ser.

Te sientes impotente, porque no sabes exactamente lo que está ocurriendo. Fue muy duro, muy difícil. Pero también debe de ser muy difícil afrontar una cosa así de repente. Por ejemplo, ¿qué le pasará por la cabeza a esa pobre gente a la que llaman y le dicen que algún ser querido ha fallecido en un accidente?

Debe de ser impensable, porque nosotros veíamos lo que estaba pasando y te venía a la cabeza lo que podía pasar, aunque nunca quisieras pensar en ello, pero esa gente no tiene opción. Nosotros pasamos una situación muy difícil, pero creo que debe de ser muchísimo peor cuando te quedas sin un ser querido de golpe, sin poder decir ni hacer nada.

Cuando tienes una llamada, una simple llamada de teléfono y contestas sin saber que te van a decir algo terrible, debes de sentir un dolor impensable. Cuando mi madre cogió la neumonía, y los médicos solo decían que era posible que no la superase, era como si te estuvieran arrancando un trozo de tu propio corazón. No puedes pararte a pensar en qué puede ocurrir si ella no sale de allí, solo quieres pensar en que habrá una mejora, un mínimo cambio que determine que ella va a curarse.

Solo deseas que llegue el día en que entres en la habitación del hospital y veas a tu padre, a tu hermano, a tu hermana, sonreír porque han recibido una buena noticia, veas a alguien de tu familia con brillo en los ojos porque les han dicho que tu madre ha reaccionado, que ya no se va a morir, por lo menos no por ahora.

Y ese día que anhelaba con fuerza por fin llegó: se produjo un cambio, ella reaccionó. Empezó a luchar contra la neumonía, sus defensas luchaban con fuerza, y empezaron a estar por encima de la grave enfermedad que la acechaba y la estaba consumiendo poco a poco sin que los demás pudiésemos hacer nada, tan solo pensar que podía ser el fin de una persona que no se lo merecía, que aún tenía mucho por vivir y disfrutar.

A partir de ese momento, mi madre comenzó a recuperarse, pero como había sido una neumonía tan grave, tenía que pasar un tiempo prudencial para que realmente se vieran los efectos de su recuperación, porque todos queríamos verla mejor, pero sabíamos que teníamos que tener muchísima paciencia y esperar a que poco a poco su cuerpo se recuperara y volviese a estar como estaba, volviese a ser la que era, aunque realmente no puedes esperar que vuelva a ser la misma hasta que pasa mucho tiempo.

Estas enfermedades que se tratan con medicación tan fuerte, son mucho más lentas en la recuperación, porque dichos tratamientos son muy agresivos y eliminan mucho más de lo que deberían, así que la persona tiene que recuperarse y también volver a regenerar lo que se ha eliminado y era necesario.

Ojalá todo fuera más fácil, y cuando dichos tratamientos son impuestos, solo se destruyera lo dañino y la persona se recuperara enseguida, pero se trata de una utopía, como de momento lo es la cura contra el cáncer.

La medicina es una ciencia sin fin, que no debe dejar de evolucionar porque, al fin y al cabo, siempre están surgiendo nuevas enfermedades, así como nuevas tecnologías para curarlas.

Es como un círculo vicioso: surgen virus nuevos, y, entonces, los médicos crean antídotos nuevos, y así sucesivamente. Podría llegar a pensarse que dichos virus sean creaciones de los propios científicos, porque es algo misterioso, aunque yo intento no pensar así. No me cabría en la cabeza que nadie pudiera crear algo que mate a las personas, es algo inmundo, pero seguro que hay gente así.

La suerte de este mundo es que no todos somos iguales, cada uno tiene sus ideales y cree en cosas diferentes.

Capítulo V
Ilusión por la vida

A partir de ese momento, ella empezó a recuperarse, a comer y a fortalecerse. Todos estábamos muy contentos, porque al fin veíamos que el agujero negro en el que nos habíamos encontrado durante un largo tiempo se terminaba, o, al menos, que había luz al final del camino.

Los médicos también parecía que estaban contentos con los cambios que había experimentado mi madre después de superar la neumonía. Podía ser que ella viniera a pasar unos días a casa en breve.

Iba a volver a casa, ¡qué ilusión! Tantos años viviendo con ella y hasta ahora no me había dado cuenta de cuánto la echaba de menos cuando no estaba. Aunque no debería ser así, solo te das cuenta de estas cosas en las situaciones límite. Pero las personas somos tan tontas que tenemos que sufrir para valorar las cosas importantes en nuestras vidas.

Con todo lo que estaba pasando, me di cuenta de cuánto quería a mi madre, de lo que realmente significaba para mí, y de por qué debemos respetar y amar a los padres.

Yo me considero una persona responsable, aunque también he de decir que en casa no hacía muchos quehaceres, siempre te lo dejas todo un poco a la espalda, y piensas… ella lo hará. Pero toda mi forma de pensar cambió radicalmente tras esta experiencia. Ya no veía a mi madre y a mi padre de la misma manera, ahora los veía como dos personas que nos necesitaban, que necesitaban de sus hijos; al fin y al cabo, ellos nos han dado la vida, y nos han enseñado todo lo que sabemos.

Te orientan para que sigas el buen camino, el camino que ellos creen que es el correcto. En una vida que es una gran obra de teatro que no permite ensayo alguno, siempre tienes que actuar de la forma más correcta que puedas, aunque a veces no lo haces y luego te arrepientes. Pero todos somos personas imperfectas que nos equivocamos muchas veces, y lo único que podemos hacer es intentar no volver a caer en los mismos errores.

Pasaron los días, y a mi madre le dieron el alta para que se recuperara en casa, y se pusiera muy fuerte, para que, cuando recuperara todas sus fuerzas, pudiera de nuevo volver al hospital para que le pusieran el segundo ciclo de quimioterapia que le quedaba. Quién lo iba a pensar. Tenía que recuperarse para volver a entrar allí, y volver a sentirse tan mal o incluso peor de lo que se había sentido.

Yo creo que es duro, muy duro. Ya te encuentras bien, ya has sufrido mucho, te han puesto un ciclo de quimio y has pasado muchas dificultades, pero has salido adelante.

Y entonces has de volver a sufrir. Yo no sé si sería capaz de volver a sufrir, de volver al hospital y volver a pasar por lo mismo….. sin saber cuáles pueden ser las consecuencias, sin saber nada de nada.

Eso sí, enseguida te dicen que tienes que ponerte los goteros para que no se reproduzca el cáncer. Tú intentas pensar que es lo mejor, pero no puedes evitar preguntarte ¿es realmente lo mejor? Y, si me lo vuelven a poner ¿no volveré a padecer la enfermedad? Pero es es algo que nadie te puede responder, porque realmente nadie sabe lo que puede pasar.

Se trata de una gran inseguridad, ya que nunca vas a saber cuando vas a estar totalmente curado, o, dicho de otra manera, una vez has tenido una enfermedad de estas características, la incertidumbre la padeces el resto de tu vida.

Ya estás en el punto de mira del cáncer hasta el día de tu muerte. Es duro pensarlo, pero es así: son enfermedades que nunca sabes cuando pueden volver a surgir y cambiar de golpe todo tu mundo.

Pues bien, mi madre se venía a casa para poder estar tranquila, comer lo que quisiera, tranquilizarse y recuperarse. Como ya hemos dicho, donde mejor se recupera una persona es en su propia casa, donde tiene todo lo que quiere y puede hacer todo lo que quiera, en la medida de sus posibilidades.

Todos estábamos muy ilusionados, porque de nuevo íbamos a tener a mi madre en casa, no sabíamos exactamente cuántos días, pero sí que iba a estar allí con nosotros y la íbamos a tener cerca, tan cerca que podríamos verla todos los días, como antes. Parece una simple tontería, pero qué bonito es pensar que la familia va a ser lo que era. Yo estaba tan ilusionada que no me lo creía, mis hermanos también estaban muy felices, y todos estábamos esperando el momento en que llegara, para hablar con ella, y para poder ofrecerle todo lo que quisiera.

Ese momento llegó. Yo volví de la facultad, y estaba allí, sentada en la cocina. Parecía tan frágil que la primera impresión fue muy dura.

Es tu madre, pero ahora te necesita más que nunca, está muy débil, ha sufrido una serie de calamidades que nadie supera en unos días. Son situaciones muy difíciles, en las que el cuerpo se queda resentido, y no puede empezar de nuevo, como si fuera una máquina a la que reseteas y vuelve a empezar de cero. El cuerpo humano tiene que regenerarse poco a poco, y volver a su estado normal, aunque en el caso de ella, ya no volvería a estar igual que antes, porque, al ser una persona de mediana edad, no estaba en las mismas condiciones que una más joven. Pero eso era lo de menos. Lo importante era que estaba en casa con nosotros de nuevo, contábamos con su presencia, y debíamos disfrutarla al máximo, porque no sabíamos en qué momento se la volverían a llevar, y tampoco sabíamos cuanto tiempo estaría fuera. Cuando sufres situaciones de esta clase, lo importante es el presente, el momento en el que vives, porque nunca puedes hacer planes de futuro, es algo ilógico, no sabes nunca lo que puede acontecer, y tampoco vale la pena que te pares a pensar en lo que puede pasar, porque lo único que consigues es que tu mundo se derrumbe, y con él, tus ánimos y esperanzas.

Hay que vivir el presente, y disfrutarlo al máximo. Ya se pensara en el futuro cuando se pueda, tiempo hay de sobra, lo importante es no desperdiciarlo.

Teníamos de nuevo la familia completa, estábamos todos de nuevo en casa, era como un sueño convertido en realidad, como si todo el tiempo se hubiera detenido y solo hubiera un momento, el momento en que la miras y la vuelves a mirar, porque realmente está contigo, y va a pasar algunos días en casa con toda la familia, quién iba a pensar que una situación tan normal y cotidiana iba a representar algo tan importante y especial para todos nosotros. Aún estábamos un poco confusos, y no creíamos que fuese cierto, pero, al final, poco a poco, te lo vas creyendo, la oyes hablar, escuchas cómo te cuenta todo lo que ha pasado por su vida durante los días que ha estado en el hospital, y te gusta oírla. Yo pensaba en las veces en que esa misma voz me había chillado o me había reñido por alguna u otra razón y siempre había pensado: ¡qué plasta es! ¿cuándo dejará de darme la lata? Y en ese momento, me pasaba por la cabeza todo lo contrario: por favor no dejes nunca de darme la lata, no dejes nunca de renegar ni de preocuparte por mí, por favor chilla todo lo que quieras, que nunca me cansaré de escucharte.

Mi padre, mis hermanos, mi tía y yo, todos estábamos llenos de vitalidad, llenos de esperanza, parecía como si la vida hubiera dado un vuelco completo, como si todo hubiera cambiado. Te cambia el humor, el estado de ánimo, la empatía por todo se desvanece, es como si hubieras abierto las tapas de un nuevo libro, y el anterior, el que pensabas que aún llevabas a mitad, se hubiera cerrado de golpe con un tremendo estruendo, pero que solo quedara eso, el golpe sonoro que queda en el eco del vacío al cerrarse para siempre. O eso creíamos todos, que se cerraba para siempre.

Mi madre estaba en casa para recuperarse, porque aún le quedaba, por desgracia, otro ciclo de quimioterapia para que el tratamiento fuese completo.

Suelen enviar a los enfermos a casa para que recuperen todos sus componentes y, cuando ya están de nuevo vivos, y con todas sus fuerzas, los vuelven a machacar. Visto de esta manera, parece cruel, pero, en realidad, lo hacen por su bien, para que si hubiese quedado alguna célula cancerígena en el primer ciclo, se desvanezca en este, quedando completamente libre de todas ellas, y poder volver a vivir una vida plena.

Lo que pasa que es muy duro para una persona que ya ha sufrido los efectos de una sesión de quimioterapia decirle que debe ponerse otra vez en manos de los médicos, para sufrir lo mismo que ya ha pasado o incluso algo peor. Yo me lo pensaría... Pensadlo un momento y veréis como os costaría. Ya estás bien, en tu casa, recuperado, y tienes que volver a meterte en las garras del lobo.... ¿Cómo? Pero en la otra parte de la balanza, queda la posibilidad que el cáncer haya quedado escondido en algún recóndito lugar de tu cuerpo y, si no lo destruyes del todo, se vuelva a reproducir, provocando una situación peor que la que estás a punto de volver a soportar... así que te paras a pensar y, al final, creo que ganan los médicos, vas a volver a meterte en el hospital y a volver a poner tu vida en sus manos, aún pensando que estarías mucho mejor en casa con los tuyos, pero quieres estar por muchos años más con ellos, y esta puede ser la mejor forma de conseguirlo.

Así que ella se encontraba con nosotros, estaba débil pero parecía que poco a poco iba recuperándose, hasta que llegó en el que, de nuevo, volvió a suceder algo inesperado.

Capítulo VI
Un enemigo desconocido

Una noche, mi madre, que tras pasar todo lo ocurrido, dormía sola en la cama de matrimonio, mientras que mi padre y yo dormíamos en los cuartos contiguos, para oírla si le pasaba algo, empezó a gritar que algo raro le ocurría. Nosotros, que estábamos alerta siempre, porque nunca dejas de pensar que puede ocurrir algo en el momento más inesperado, acudimos rápidamente al oir sus quejas y chillidos.

No podía levantarse, no sabía exactamente qué le ocurría, pero sus piernas no respondían a sus actos, no podía incorporarse en la cama, y estaba muy asustada. Nosotros pensamos que podía ser una acumulación de cansancio, después de todo lo que la habían machacado y después de todo lo que le había sucedido en los días anteriores a su alta, pero también teníamos la mosca detrás de la oreja, pensando ¿qué podía ser?

Rápidamente llamé a mi hermana, que vive en la finca de al lado de nuestra casa, y también llamé a mi hermano, el cual vive un poco más lejos, pero ambos acudieron veloces. También llamé a mi tía, la cual se encontraba en su casa descansando al haberle dado el alta a mi madre en el hospital. Ella también acudió muy rápido. Creo que todos estábamos alerta por si ocurría algo, y siempre igual de unidos. Enseguida nos movilizamos para intentar solucionar la situación.

Al no poder levantarse de la cama, entre mi hermano y mi padre la cargaron como pudieron en el coche de mi padre. Era increíble, pero no podía mover ni las piernas y ni los pies. Mi padre, mi madre y mi tía se fueron al hospital de urgencias; y mi hermana y yo nos fuimos detrás con el coche de mi hermana.

Entonces llegamos a urgencias y, como os podréis imaginar, se trataba de unas urgencias típicas de cualquier hospital español, sumidas en el caos y con una espera interminable.

Mi madre, la pobre, estaba hecha polvo, y, además, sin dormir porque serían las 5:00 o las 6:00 de la mañana. La tuvimos que sentar allí, en esas sillas tan incomodas que, aparte de ser incómodas, están heladas.

Así estuvimos muchísimas horas, las cuales pasaron lentamente, porque parece que cuando entras en un hospital, el tiempo se ralentice y todo vaya mucho más despacio. Le estuvieron haciendo pruebas y más pruebas para determinar qué era exactamente lo que le estaba ocurriendo en las piernas. Debían saber qué estaba ocurriendo, sobre todo porque había padecido hacía poco dos enfermedades muy duras y peligrosas, y, cuando tienes tantos antecedentes, te miran en detalle, analizan todos los aspectos y todo lo sucedido y lo que queda por suceder, porque no pueden cometer ningún error, cualquier error puede ser muy grave, puede incluso provocar la muerte.

Después de varias horas, decidieron ingresarla para poder estudiar mejor el caso y hacerle las pruebas pertinentes, pero, al pasar tanto tiempo y aún quedar algunos trámites (darnos el número de habitación, etc.) decidimos ir a hablar con el puesto de información y comentarle a las personas allí responsables que por favor mi madre debía de estar en mejores condiciones que en esas sillas de urgencias tan duras y frías. La metieron dentro en una sala, en una pequeña cama, para que estuviera más cómoda, y nosotros pasábamos de vez en cuando a verla para que no estuviera nerviosa, y supiera que aunque fuera, estábamos ahí.

Yo aún lo recuerdo como si lo estuviera viviendo ahora. Son momentos en tu vida que no puedes olvidar. Recuerdo que era un viernes, y yo tenía por la tarde la exposición de un trabajo en la facultad, así que ni fui a trabajar, ni pude ir a la exposición del trabajo, solo podía pensar en ver a mi madre y saber lo que estaba ocurriendo.

Nos pasamos parte del día allí en urgencias, esperando a que la subieran a la habitación. La verdad es que es un poco inhumano lo que hacen en los hospitales para ingresar a un enfermo. Lo tienen allí horas y horas, con lo mal que algunas veces se encuentran.

No sé si es porque tienen un protocolo a seguir, o por alguna razón en especial, lo único que pienso que es algo desesperante, tener a una persona que está allí porque se encuentra mal, tantas horas esperando para obtener una habitación.

En esas ocasiones hay que pensar que no somos los únicos que estamos allí, y que los médicos no son dioses, que pueden ir como rayos, pero cuando te encuentras allí, tienes a tu madre enferma, sin saber exactamente lo que le pasa, entonces sí que quieres ser el primero y estar el menor tiempo posible.

Así que después de pasar allí varias horas de ese día, la subieron a la habitación por la tarde, no recuerdo exactamente si fue a primera hora o ya a mitad tarde. Lo único que sí recuerdo es que ella no se encontraba bien, y era cierto, porque ella solo se quejaba realmente cuando no estaba bien, y en esos momentos estaba asustada ya que presentía que lo que le sucedía no era algo normal.

Yo creo que el propio enfermo es el primero que se da cuenta de que los síntomas que tiene no son normales, y de que no es algo que se pueda solucionar de un día para otro. Por eso a veces se nota el sufrimiento en la propia cara de los enfermos, que no saben qué les está sucediendo. Así estaba mi madre en esos momentos: aterrada.

Ya en la habitación, estábamos todos más tranquilos. Podíamos respirar de nuevo porque estaba otra vez en buenas manos, en las de los médicos que le habían ayudado a superar la primera etapa de la leucemia, y que sabían exactamente todo lo que le había ocurrido, que tenían todo el expediente en sus manos, y podían solucionar la situación; o eso creíamos todos.

Entonces empezaron a hacerle pruebas. Vino el neurocirujano y empezó a hacerle pruebas para averiguar por qué se le habían paralizado las piernas y no podía moverlas.

En un principio no se sabía lo que tenía. Los médicos van tanteando poco a poco el terreno, porque tampoco pueden hacer un diagnóstico inmediato, ya que podrían cometer algún error que fuese grave. Ellos van mirando todos los posibles problemas que surgen y las posibles causas hasta que llegan a una conclusión que se convierte en un diagnóstico real y correcto.

En el caso de mi madre, los médicos estaban bastante confusos, era como si no tuvieran claro lo que le estaba ocurriendo. Mientras, ella iba perdiendo movimiento en otras partes del cuerpo. Empezó a quejarse de los brazos, decía que le pesaban, que le costaba levantarlos.

Empezamos a hacer ejercicios con ella, y la verdad es que era cierto, le costaba levantar los brazos y el torso prácticamente no podía moverlo. Era algo tan extraño y a la vez tan perverso... Se estaba quedando paralizada poco a poco y nadie sabía el porqué. Incluso le costaba beber agua.

Así que llegó el sábado por la noche y estábamos hablando de quien se quedaría esa noche con ella. Al final decidimos quedarnos tanto mi padre como yo con ella, para que fuera como en casa, los tres juntos. Se quedaron mi hermana y mi cuñado con ella en la habitación mientras mi padre y yo bajábamos a cenar al bar de enfrente del hospital, porque la cafetería huele siempre igual, y se te quitan las ganas de comer.

Cuando estábamos todavía cenando, nos llamó mi hermana al móvil para que fuéramos enseguida, ya que a mi madre se la llevaban a la UCI, como medida preventiva. Fue un golpe tan duro que aún lo recuerdo como si lo estuviera oyendo en estos momentos: a mi madre se la llevaban a la UCI como medida preventiva, ¿qué significaba?

Pagamos rápidamente y nos fuimos corriendo hacia la habitación. Cuando llegamos aún estaba allí, se la llevaban en esos momentos. Yo recuerdo que le dije que me diera las gafas. Ella estaba tranquila, le habían explicado los médicos que todo era por su seguridad y por su bien, para que pudiera estar mejor y más controlada, porque ahora mismo estaba sufriendo unas circunstancias que podían requerir de los servicios de la Unidad de Cuidados Intensivos.

Todos los que estábamos allí estábamos asustados e intentábamos pensar que todo era por su bien, pero siempre te quedaba en el fondo el pensamiento de ¿por qué a la UCI? ¿qué le puede pasar que requiera estar allí?

Así que esa noche no nos quedamos en el hospital como estaba planeado, estuvimos en la puerta de la UCI un par de horas, mirando y deseando que por esa misma puerta volviese a salir en breve y pudiéramos volver a estar con ella. En esos momentos se te pasan tantísimas cosas por la cabeza, que estaría mintiendo si digo que aún recuerdo exactamente lo que pensé. Puedo recordar algún pensamiento, pero es imposible sentir lo que sentí en aquel momento en el que me quitaban a mi madre, porque esa es la sensación que tenía. Estaba allí, pero no podíamos verla ni oirla cuando quisiésemos. Era peor que nunca. Para mí, fue horrible.

¿Qué iba a pasar? En ese momento sí que era negro el agujero que tenía delante de mí, totalmente negro. Solo deseaba que llegara la mañana siguiente y poder regresar para verla por la ventanita que te abren a una cierta hora y por la que puedes incluso oírla a través de un aparato conectado dentro y fuera.

Después de estar allí mirando la maldita puerta, por la que la mayoría entran y no salen, nos fuimos a casa a descansar para volver al día siguiente. Mi padre estaba muy decaído, para él había supuesto tal golpe que aún no había reaccionado.

Nos fuimos los dos a dormir a casa con el corazón en un puño, porque ahora sí que estábamos totalmente perdidos. Intentabamos pensar que todo era por el bien de ella, para que estuviera más controlada en caso de que sufriera alguna crisis, pero al pensar que la habían metido allí dentro, se te encogía el corazón.

Mi padre, al llegar, a casa estaba muy triste. Yo me acosté en la cama, intentando descansar un poco después del día tan ajetreado que habíamos tenido, aunque sabía que me iba a costar dormir. Mi padre tampoco pudo dormir porque, según vi al despertar al día siguiente, estaba sentado allí, en mi cuarto. Se pasó toda la noche viéndome dormir y tapándome para que no me enfriara. Pobre hombre, qué malo debe de ser que te quiten tu razón de vivir, porque yo creo que mis padres eran el uno para el otro, siempre estaban discutiendo o incluso echándose muchísimas cosas en cara, pero a la hora de la verdad no podían estar el uno sin el otro, eran como un todo. Los dos por separado no eran nadie, juntos es cuando tienen sentido. Qué bonito debe de ser sentir eso, pero también qué cruel debe de ser sentir que se va tu mitad, que poco a poco la estás perdiendo y no puedes hacer nada, porque en realidad no depende de ti, sino del destino.

Yo respeto mucho a mis padres, y nunca había visto sufrir tanto a mi padre como lo vi esa noche. Siempre lo ves ahí, tan fuerte, para ti es lo más importante que existe, y cuando lo ves tan frágil, tan indefenso, ya no es el hombre tan fuerte que tenías a tu lado, y te cuidaba y te ayudaba en todo, ahora es también un ser humano que sufre, y que necesita que le ayudes a superar tan gran trago, porque al fin y al cabo, os necesitáis mutuamente para poder superarlo.

En esos momentos es cuando debes ser fuerte y darle todo el apoyo que necesita, aunque tú por dentro estés hecha polvo, porque tus padres están destrozados, tu razón de vivir hasta ahora se ha derrumbado, todo se ha ido al traste, pero aún puedes ayudar a tu padre, y tienes que darle parte de la esperanza que aún te queda a ti, nunca hay que perderla del todo, porque si se pierde, todo se acaba, aunque a veces creas que es una pérdida de tiempo mantenerla.

Esa ilusión por que todo salga bien, por que todo vuelva a la normalidad, es lo que muchas veces da la fuerza necesaria para que ocurra algo inexplicable.

También el creer y tener fe en Dios. En mi familia siempre hemos sido muy creyentes, y la persona responsable de que no perdiésemos la fe y de que tuviésemos tanta devoción fue mi madre, ella tenía fe ciega en Dios y en su salvación.

Así que después de esa noche que se había vuelto tan extraña, que iba a ser tan memorable, que la íbamos a pasar los tres juntos, y que al final se convirtió en una noche triste y desesperante, porque no sabías lo que te ibas a encontrar al día siguiente. Esa noche pasó, y se hizo el día. Al despertar, mi padre ya estaba preparado. Nos íbamos a ver a mi madre, porque en la UCI abren tres veces al día, y a las 8:30 horas de la mañana es una de ellas. Nos arreglamos, nos vestimos y esperamos a mis hermanos y a mi tía, para irnos todos juntos a ver cómo estaba aquella mañana, cómo había pasado la noche, y qué nos contaba. Todos estábamos deseosos de poder volver a verla y que estuviera bien.

Llegamos al hospital, y nos fuimos directamente a la UCI, a ver dónde estaba, porque allí son números, son ventanitas, las cuales, como ya os he comentado, abren tres veces al día, y cada una de ellas tienen un número. Si no recuerdo mal, su número era el 31. Estaba en el box Coma, es decir, donde más graves están los pacientes.

Cuando abrieron la ventanita, nosotros ya estábamos allí todos, deseosos de ver qué ocurría, cómo estaba mi madre, qué le habían hecho. Había tantas preguntas y tantas dudas que esperábamos resolver al mirar por aquel pequeño espacio que estaban abriendo en esos momentos...

Y, en efecto, la abrieron. Ella estaba allí, tumbada en una cama, rodeada de aparatos. Pero parecía que estaba bien. Cogió el aparato que tenía para hablar desde dentro y que nosotros la pudiéramos escuchar desde fuera, y empezó a contarnos qué le habían hecho. Nos contó que la habían sondado, y que le habían puesto un montón de aparatos para controlar sus constantes vitales, porque allí los tienen completamente controlados, todo debe de ser exacto, porque, al fin y al cabo, la gente que se encuentra allí, es porque está grave, y puede tener en cualquier momento algún problema, que allí pueden tratar inmediatamente por todo el material existente.

Allí nunca descansan, siempre están controlándolo todo, que es lo que deben de hacer con pacientes tan graves. Yo miraba a mi madre y pensaba que ella estaba bien, y que no tenía ninguna necesidad de estar allí. La gente que estaba alli estaba muchísimo más grave, incluso algunos ni hablaban, estaban completamente entubados, era como mirar a alguien que ni siquiera sabía que estabas ahí.

Pero también pensaba que si los médicos creían que era mejor que estuviese allí, había que darles la razón, porque, al fin y al cabo, eran ellos los que entendían más que yo, ellos sabían lo que les podía suceder en cada momento a los enfermos, y también debían de controlarlos, porque la gente pone su vida en sus manos con la expectativa de que van a hacer todo lo posible por curarte, por que vuelvas a estar bien, y puedas volver a llevar una vida completamente normal. Aunque en algunos casos es verdaderamente difícil, todo el mundo siempre tiene la misma esperanza, la de volver a estar bien.

Qué lástima que cuando estamos bien de salud, no apreciamos realmente lo que tenemos, nos damos cuenta cuando tenemos algún problema, cuando nos vemos en alguna situación grave.

Así que nos fuimos, bastante tranquilos, porque la primera impresión había sido buena. Estaba bien, se encontraba bien. Además, te quedas mucho más tranquilo sabiendo que está allí, porque es un lugar donde, si le ocurre cualquier cosa, por mínima que sea, enseguida están a punto para solucionarla. Esa es la ventaja. Yo lo definiría como la puerta entre nuestros dos mundos. Hay gente que lo supera y sale de nuevo para seguir viviendo y, sin embargo, por duro que parezca, hay gente que no lo supera y también sale, pero ya solo su cuerpo, porque su alma ha volado hacia un sitio mejor. Todos también tenemos la mínima ilusión de que, cuando esta vida se acaba, te espera algo mejor. Yo soy católica practicante, y creyente en Dios, y tengo la fe de que después de la muerte hay algo verdaderamente mágico, aunque nadie quiere abandonar este mundo, tienes la esperanza de que te encontrarás con algo mejor.

Pues bien, llegamos a casa alegres, después de nuestra primera visita a nuestra madre en la UCI. Había sido a las 8:30 de la mañana. Ahora teníamos que esperar porque abrían de nuevo las ventanitas a la 13:00 del medio día. Pero algo surgió. De repente, no sé a qué hora exacta sería, recibimos una llamada del hospital.Era el médico que nos había atendido en la admisión en la UCI. Nos explicaba, que mi madre, con la que acabábamos de charlar hacía unas pocas horas, había sufrido un paro cardiorrespiratorio, y ya no estaba consciente. Estaba entubada, y podía causar una fuerte impresión volver a verla allí, como ausente. Lo único que quería el médico era explicar lo que había sucedido para que cuando volviésemos a verla, no nos asustáramos, no pensáramos cosas que no habían sucedido, solo supiéramos exactamente lo que había ocurrido.

Volvimos a ir a la 13:00 a ver cuando abrieran la ventanita, cómo nos íbamos a encontrar a mi madre. La verdad es que no fue fácil verla allí, tan frágil. Ahora estaba ausente, ya no nos hablaba, ni tan siquiera nos miraba, era como si no estuviera porque estaba inconsciente. ¿Qué iba a pasar? Ahora sí que no teníamos ni la más mínima idea de lo que podía pasar. ¿Por qué le estaba pasando lo que le estaba pasando? ¿Qué ocurría?

Todo eran preguntas sin resolver, preguntas que, al fin y al cabo, los médicos tenían que poder resolver, pero, en un principio, estaban igual de perdidos que nosotros. Aunque seguían en su empeño de averiguar lo que pasaba y le hacían pruebas y más pruebas... Pero era duro verla allí, llena de tubos, llena de máquinas. Mi madre, hasta entonces tan fuerte, tan especial, siempre a mi lado cuando la necesitaba, ahora era una personita frágil, que dependía de una serie de máquinas para seguir viviendo.

Qué puedo decir, salvo que parte de mi esperanza se estaba desvaneciendo poco a poco. Aunque quería ser fuerte para darle apoyo a mi padre, que estaba pasando por unos momentos muy delicados. Parecía como si le hubieran cogido su corazón y se lo hubieran arrancado.

Ahora solo cabía la posibilidad de esperar, que era lo que los médicos nos decían, Esperar... pero ¿cuánto?

Nosotros íbamos a verla todos los días. Yo, como trabajaba, iba por las tardes, a última hora.

La verdad es que dejé de preocuparme por la facultad, solo tenía pensamientos para la salud de mi madre. Tenía la ilusión de que llegaría una tarde al hospital, y mi padre me diría que había habido algún cambio, por pequeño que fuera. Pero no se producía.

Llegaba todos los días y siempre era lo mismo. Mi madre estaba allí, como ausente, llena de aparatos y máquinas para poder seguir viviendo, porque era como un vegetal.

¿Qué le estaría pasando por la cabeza en esos momentos? ¿Qué pensaría? Debe de ser una situación de gran impotencia, porque mi madre, según ella me contaba cuando le preguntaba, no perdió la cabeza ni el sentido de la orientación. Sabía dónde estaba y por qué.

Era una mujer admirable. Es increíble que pasase por todo lo que pasó, sin el más mínimo derrumbamiento. Está claro que sí que tuvo algunos días de bajón, todo el mundo los tenemos, aunque estamos bien.

Ella estaba allí, estaba enferma... pero no sabíamos lo que tenía. Los médicos le hacían pruebas y más pruebas para determinar por qué se había quedado inmóvil, cuáles eran las causas y cómo se podía remediar.

Todos estábamos en vilo, porque ahora la situación era totalmente diferente. ¿Cómo podíamos hacer ahora algo, si no sabían ni los propios médicos lo que pasaba realmente? Pero ellos nunca ceden en su empeño, y seguían haciendo ensayos para determinar un diagnóstico correcto.

Porque no pueden errar. Mi madre era una vida. También creo que, cuando tienen casos de estas características, ellos también tienen una mayor motivación para investigar, y descubrir lo que pasa.

Nosotros íbamos y esperábamos el veredicto, nunca mejor dicho. Lo único que nosotros queríamos oír es que tenía solución, fuera lo que fuese.

Un día llegó el resultado: mi madre tenía lo que se denomina Síndrome de Guillem Barré. ¿Qué significa eso? ¿Qué puede ser? Nunca habíamos oído hablar de tal enfermedad. Todos estábamos sumamente desconcertados porque no sabíamos ni qué era, ni qué síntomas tenía, ni nada de nada.

Mis hermanos y yo empezamos a investigar por Internet, para saber qué significaba aquello y qué síntomas tenía, y si había alguna posible cura.

Adjunto algunas definiciones de dicha enfermedad como aclaración, para que podáis entender qué estaba pasando realmente.

¿Qué es el síndrome de Guillain-Barré?

El síndrome de Guillain-Barré es un trastorno neurológico en el que el sistema inmunológico del cuerpo ataca a una parte del sistema nervioso periférico. Puede aparecer de forma muy brusca e inesperada. El trastorno puede desarrollarse a lo largo de unos días, o puede tardar hasta varias semanas. El paciente está más débil en las dos primeras semanas después de la aparición de los síntomas.

Al principio, costaba entender qué le estaba pasando. Era una situación muy rara porque, según fuimos leyendo y los médicos nos fueron explicando, mi madre se estaba quedando totalmente paralizada porque sus nervios se estaban retrayendo, y la sustancia que los cubre, llamada mielina, también. Por lo que el cerebro de mi madre estaba bien, pero el cuerpo no respondía, era como una parálisis gradual de abajo arriba, y, según nos iban diciendo, debía remitir sola. Era difícil de entender que no hubiera medicamentos ni tratamientos posibles, mi madre ya era un vegetal, y no sabíamos qué iba a ocurrir.

Todos los días íbamos a la visita del médico, porque, en la UCI, hay una visita diaria. Todos lo días el médico te comenta cómo va la situación, y te dice más o menos cómo puede ser la evolución en los días posteriores. Creo que lo hacen así porque nunca se sabe lo que puede pasar, los pacientes que allí se encuentran están muy mal y posiblemente muchos de ellos no vuelvan a salir.

Nosotros rezábamos para que esto no pasara, para que mi madre volviese con nosotros, para que hubiera algún cambio que pudiera arrojar un poco de luz, y pudiera volver a encauzar aquella poca esperanza que todos teníamos ya pendiente de un hilo. Ahora más que nunca debíamos estar unidos, debíamos ser fuertes, porque no sabíamos lo que se avecinaba.

Pero en esos momentos, por mucho que te mentalices para pensar lo peor, siempre intentas valorar los pros y los contras, e intentas que los pros sean superiores, aunque sepas que están por debajo de los límites. Yo creo que nunca hay que perder la esperanza, pero no todo el mundo es igual de fuerte, y tampoco todo el mundo tiene la misma fe que nosotros teníamos. Yo tenía la confianza de que mi madre volvería a salir por la puerta de la UCI, pero viva, y para estar otra vez con nosotros. Esa era mi ilusión, a la que me aferraba con uñas y dientes.

Los médicos, todos los días, nos decían la misma frase: está estable. ¿Pero qué significa eso? ¿qué se va a quedar así para siempre? ¿qué puede ser que mejore? ¿qué puede ser que empeore? Yo quería saber algo más, no me vale con saber que mi madre continúa estable después de una semana y otra... Pasaron bastantes días, que se convirtieron incluso en meses. Todo seguía igual, íbamos a mirarla por ese pequeño agujero que te abren media hora y puedes verla.

Todo era como una pesadilla, de la que realmente no podíamos despertar, todos gritábamos en silencio, pero nadie decía nada en voz alta, nadie tenía ganas de nada. Por favor, que llegue el día en que mi madre esté bien.

Que podamos decir algún día que todo se ha normalizado, que podamos contarlo como una simple anécdota, pero ¿cuándo será ese día?

Pasaron, como os he dicho anteriormente días, que se convirtieron en semanas y meses. Se estaba haciendo tan largo y pesado el proceso que, poco a poco, la pesadumbre iba apoderándose de todos nosotros, porque no sabíamos qué podía pasar.

Y el día esperado llegó. Mi padre me dijo que mi madre había movido un codo. Era algo increíble. Aunque pueda parecer una tontería, para nosotros fue todo un logro. Los médicos nos dijeron que no nos hiciésemos muchas ilusiones, porque tenía que pasar algo de tiempo para que pudieran ver si realmente mi madre había reaccionado y volvía a tener movilidad, que iba a ser un proceso bastante lento, pero que parecía que podía tener un principio.

Ahora parecía que la luz había vuelto a nuestras vidas: mi madre podría haber empezado a reaccionar ya.

Así que comenzamos a ver de nuevo un poco de claridad, ella empezó a moverse, muy lentamente, eso sí, porque esa enfermedad remite poco a poco hasta volver a la normalidad. Estuvo aproximadamente setenta días inmóvil, y el cuerpo eso también lo notó. Los huesos y los músculos tenían que ir poco a poco volviendo a la naturalidad, con todo su ser. Empezó moviéndose poco a poco, pero todo iba al ritmo adecuado.

El movimiento también debía llegar a los pulmones y el diafragma, para poder respirar por sí sola, porque hasta ahora había respirado una máquina por ella. Se trataba de un proceso largo y difícil, pero para nosotros era una esperanza de que mi madre volviese a salir de aquella pequeña habitación donde la tenían, y donde nosotros solo podíamos verla por una pequeña ventanita.

Después de varios días de cambio, todo parecía que iba bien, aunque los médicos nos decían que no nos adelantáramos a los acontecimientos, porque era una situación muy lenta, y no podíamos correr por mucho que quisiéramos.

Yo solo quería ver cómo avanzaba mi madre en su camino de vuelta a la normalidad, y no quería oír nada que no tuviera que ver con verla de nuevo en casa.

Pronto empezó a mover la aguja del respirador ella sola, y los médicos nos dijeron que iban a desenchufarla a ratos del respirador artificial que hasta ahora la había mantenido con vida, para ver cómo reaccionaba y cómo evolucionaba. ¡Qué emoción! Era algo importante: iba a empezar a respirar ella sola, y a no depender de ningún aparato para seguir su vida.

Todo continúo bien, poco a poco le fueron quitando el respirador, y mi madre reaccionaba bien.

Los médicos también nos propusieron entrar dentro para estar con ella, cuando cerraban la vista al público, para ver cómo reaccionaba, y la verdad es que fue muy duro. Yo recuerdo que la primera vez que entré, al salir me temblaban las piernas.

Después, poco a poco, te vas acostumbrando. Además, ella iba reaccionando bien. Empezó también a comer, y los médicos lo vieron como un cambio muy positivo.

Por la tarde, cuando entrábamos, a mí me dejaban muchos días darle la cena, porque veían que entonces ella comía mucho más que cuando se la daban los enfermeros. Ella lo hacía porque quería demostrarme que estaba bien.

También recuerdo que, al tener todo paralizado, también se quedo completamente afónica y, cuando volví a oírla hablar y me dijo "hija mia", fue tan especial como si nunca lo hubiera oído. Son todo pequeños recuerdos que te vienen a la mente, y que nunca olvidas.

Llegó el día ansiado por todos: mi madre ya estaba lista (en parte) para subir a planta, ya podía salir de la UCI, e iba a salir con vida. Fue un día especial, verla salir de allí en la cama y haciendo ruidos, porque, como se había quedado afónica, no podía soltar palabra alguna.

Así que la subieron a planta. Una nueva etapa en la vida de mi familia comenzaba en ese mismo instante. Ya no estábamos en una situación de pesadumbre, esperando a que nos dijeran algo nuevo y más gratificante que "está estable". Ahora estábamos, una vez más, en una situación nueva. No sabíamos qué podía pasar, pero cada hora podía haber alguna novedad. Mi madre estaba empezando a volver al buen camino.

Al principio hubo un poco de desbarajuste porque, según nos dijeron, mi madre había cogido un virus en la UCI, y la tuvieron que poner en cuarentena. No podíamos entrar y salir cuando quisiéramos. Era lo último que faltaba: allí abajo no podíamos verla por las circunstancias de gravedad y aquí arriba, resultaba que tampoco… Debíamos seguir unas normas estrictas a la hora de entrar y salir a la habitación, sobre todo porque estaba en uno de los pasillos de más gravedad del hospital, donde se encuentran los pacientes de hematología.

Pero, poco a poco, fueron acabando con el virus. Ya empezaba a recuperar todo lo que le faltaba.

Todos estábamos muy emocionados, pensando en que ya no era imposible volver a verla en casa con nosotros, aunque aún estaba por ver cuánto tiempo le quedaba y cómo de duro era el camino que le quedaba por recorrer, ya que todavía se encontraba en una situación muy grave.

Después de salir de la UCI, tenía que volver a recuperar todo lo que había perdido al estar tantos días sin moverse; pero era fuerte, y aún tenía ganas de seguir luchando, aún cuando había sufrido tanto durante esos meses, allí abajo, en aquella camita, donde parecía tan frágil, tan pequeña, y de donde pensábamos que no iba a volver a salir nunca.

Después de estar varias semanas en planta, recuperándose poco a poco, ahora tenía mucho trabajo por hacer, ya que había perdido la movilidad de todo su cuerpo y debía volver a recuperarla ella sola, con muchas ganas y mucha rehabilitación, por supuesto.

En un principio, a mi padre le propusieron llevársela a Porta Coeli, que es un sanatorio para enfermos crónicos, pero mi padre, con toda la idea del mundo, dijo que quería pensárselo. Así que un día nos fuimos a ver como era aquel lugar. La verdad es que está en un sitio muy bonito, es muy tranquilo, y tiene una pinada con mucho espacio al aire libre para pasear.

Pero estaba lleno de tristeza, ya que casi todos los enfermos eran terminales, por lo que el panorama era muy desolador. Decidimos que mi madre no podía ir allí, porque se acabaría apagando la poca esperanza e ilusión que ahora mismo tenía, después de todo lo que había pasado. Decidimos hablar con el médico y decirle que nos responsabilizábamos de llevarnos a mi madre a casa, porque allí si que iba a volver a recuperar su vida, su ilusión y sus ganas de seguir adelante. Nosotros la cuidaríamos lo mejor posible, y seguro que, rodeada de sus seres queridos, mi madre volvía a estar bien. Además, ¿dónde iba a estar mejor que en su casa? Todo el mundo desea volver a su casa después de un largo viaje, porque es donde realmente te sientes lleno plenamente, donde puedes hacer lo que quieras y cuando quieras.

Ahora todos teníamos que estar más unidos que nunca, para conseguir que ella tuviera un ambiente lo mejor posible en casa, porque todavía estaba muy floja, y además dependía de alguien para poder hacer las cosas.

Lo más importante es que la volvíamos a tener en casa con nosotros, algo tan ansiado durante tantos meses, que en algunos momentos creímos que no iba a llegar nunca.

Así que empezó una nueva etapa en nuestras vidas. Nos llevamos a mi madre a casa, con su silla de ruedas, por supuesto, porque las piernas aún las tenía bastante paralizadas. Tenía que seguir un tratamiento de rehabilitación para volver a recuperar toda la movilidad que había perdido a causa del síndrome Guillain Barré. Ella tenía que acudir varios días a la semana al hospital, al área de rehabilitación, para hacer los ejercicios oportunos para volver a ser la que era. Nosotros en casa también teníamos que hacer nuestro trabajo y ayudarla con los ejercicios.

Cambiamos la situación de la casa completamente. Nosotros vivimos en una casa de pueblo, y tenemos los dormitorios arriba y abajo las habitaciones donde hacemos la vida de todos los días (cocina, comedor, etc.). Ahora mi madre no podía subir la escalera para ir a dormir, por lo que dispusimos una de las habitaciones de abajo para situar su dormitorio. Bajamos todo su mobiliario y la redecoramos para que estuviera lo mejor posible. También pusimos un colchón en el suelo, al lado de su cama, para que la persona que se quedara por la noche a cuidarla estuviera muy cerca de ella, porque ahora ella dependía de alguien continuamente. Teníamos que ocuparnos de todas las comodidades, para que todo fuera inmejorable y ella se sintiera muy bien.

Todo volvía a estar tranquilo. Parece mentira, pero cuando tienes a alguien muy querido en el hospital, tu vida cambia completamente. Es como si todo se paralizase y te diera completamente igual cualquier cosa que ocurra.

Es como una pesadilla de la que no puedes despertar y de la que nunca quisieras hablar con nadie, como si nunca hubiera ocurrido.

Ahora tenía un trabajo bastante duro por delante, pero lo debía hacer ella sola, aunque nosotros estábamos a su lado, y la íbamos a ayudar en todo lo posible. Lo más difícil le tocaba a ella, para poder lograr su vuelta a la normalidad.

Empezó a trabajar en rehabilitación. Yo acudí varios días con ella, para ayudarla y ver como lo hacía. Era una zona muy triste y desoladora del hospital, porque ves a gente muy joven, que en muchos casos ha sufrido algún accidente de tráfico, y están allí, tan frágiles, volviendo a aprender a caminar, volviendo a resurgir en sus vidas. Para algunos es como si volvieran a nacer, pero así de dura es la vida, y no podemos hacer nada, tan solo seguir adelante y esperar.

Mi madre tenía mucha fuerza de voluntad, como ya os habré dicho en anteriores ocasiones, y, aunque ella sabía que el trabajo que tenía por delante era muy duro, no perdía la esperanza de volver a caminar por su propio pie. También puedo deciros que el monitor que la ayudaba era una persona impresionante, alguien que le transmitía muchísima fuerza para seguir luchando. Esas personas que se dedican a esos menesteres, deben de llevar su vocación en la sangre, porque no debe de ser nada agradable encontrarte con un chico joven que, debido a un accidente de tráfico, se encuentra prácticamente inútil, y que no puede hacer nada por su propio pie. Yo recuerdo que los días que estuve yendo con ella, había también en su mismo horario un chaval muy joven que estaba también allí, y parecía estar bastante mal, pero veías que ponía toda su ilusión y toda su fuerza para poder seguir viviendo de la manera lo más normal posible, pero debe de ser tan duro...

Mi madre también ponía mucho empeño, y no cesó hasta que consiguió mejorar mucho. Poco a poco la veíamos progresar hacia lo que ella pretendía: volver a valerse por sí misma, aunque fuera con limitaciones.

Así que llegó el día en que mi madre se levantó de la silla de ruedas con la que la llevábamos todos los días a su sesión de rehabilitación y caminó unos pocos pasos. Ahí empezó a resurgir de nuevo la ilusión por seguir adelante. Todos comprendimos que mi madre estaba de nuevo con nosotros, que volvía a verse de nuevo la claridad y que podíamos regresar a la normalidad. ¡Qué ilusión!

Aquí empezó todo de nuevo. Mi madre, a raíz de dar esos pocos pasos, continuó con una recuperación rápida y feliz. Ya volvía a ser como era ella: fuerte y con ganas de vivir, ganas que te transmitía de tal manera que te hacía creer.

Nosotros enseguida nos adaptamos a una situación de nuevo normal, porque, qué fácil es acostumbrarse a lo bueno, y qué difícil, sin embargo, es lo contrario.

Todo empezaba a ser como antes. La situación era un poco diferente, porque la condición física de mi madre no era la misma. Todavía debían pasar unos cuantos meses para que ella pudiera valerse totalmente por sí misma, que era lo que más deseaba.

Entonces fue cuando nos dimos cuenta de cuanto nos necesitaba, porque es duro enfrentarse a una parálisis como la que había padecido mi madre, y enfrentarse sola aún debe de ser más difícil.

Capitulo VII
Al fin un respiro

Empezábamos una nueva fase en nuestras vidas, una época bonita y feliz, o por lo menos eso era lo que nosotros creíamos, porque mi madre se estaba recuperando muy bien de la última dolencia que había padecido, dolencia tan grave que probablemente le dejaría secuelas bastante graves para el resto de su vida.

Pero a ella, eso no le importaba, lo único que le importaba en esos momentos era que estaba fuera del hospital, llena de ganas e ilusión para seguir viviendo.

Había tenido dos alegrías muy recientes: dos nietas, una de mi hermano —Aitana—, y otra de mi hermana —Raquel—. Eran dos niñas muy deseadas, y que a mi madre le venían como anillo al dedo para aferrarse a la vida con uñas y dientes.

Todos volvíamos a tener ganas de vivir, motivados, sobre todo, por las ganas de seguir luchando de mi madre, que tan mal lo había pasado.

Muchas veces, la fortaleza de unas personas ayuda a que otras se levanten y crean.

Como ya he comentado anteriormente, ella tenía muchísima fe, en Jesucristo, en Madre Petra... Les rezaba todos los días, para que la ayudasen a superar todos los malos tragos que tuviera que pasar, fueran los que fueran.

En estos momentos es cuando piensas que no vale la pena preocuparse por tonterías, porque si te falla la salud, ¿qué tienes?

¡Qué importante es tener buena salud! Hay personas que no se dan cuenta y se enfadan por simple palabrería. Pobres ignorantes.

Nuestra situación poco a poco se iba haciendo más normal y todos estábamos cada día más felices, viendo como crecían las dos niñas de la casa.

Fue una pequeña tregua, pero paso rápido, porque, cuando menos lo esperábamos, cuando mi madre ya prácticamente se valía por sí misma, apareció un bulto sospechoso en su cuello.

¿Qué sería ese bulto?

Capitulo VIII
Otro bache

Todo el mundo se puso en marcha de inmediato, porque estábamos tan sumamente unidos cuando pasaba algo, que enseguida nos poníamos en acción.

Ahora se trataba de una nueva situación. Mi madre tenía un bulto que todavía no se sabía lo qué podía ser... Podía no tener importancia, pero siempre estábamos en alerta.

Todos teníamos una mínima esperanza de que no fuera nada, de que, por una vez, no fuera algo malo, pero, en el fondo, temíamos que fuese de nuevo algo grave. ¿Qué podía ser?

Ni tan siquiera te parabas a pensar en nada, por miedo a que pudiera convertirse en realidad. Solo querías saber la verdad.

Mi madre, sin más dilación, se puso de nuevo en manos de los médicos para que le hiciesen las pruebas pertinentes para determinar qué era exactamente aquella especie de bulto que le había salido.

Y llegó el día esperado, en el que nos íbamos a enterar de los resultados que, por un lado no queríamos saber, pero, por otro, estábamos deseando descubrir. Le hicieron una biopsia de dicho bulto y pronto estuvo claro el resultado.

Todo volvió a derrumbarse: mi madre tenía de nuevo el linfoma, la primera enfermedad, con la que se iniciaba este relato tan amargamente. ¿Otra vez el linfoma? ¿Por qué? ¿No podía haber sido un simple bulto? Los médicos nos dijeron que era frecuente que los linfomas volviesen reproducirse, y ese era el caso de mi madre.

A veces piensas que lo sabes todo, que todo está claro, pero no es así. En cuanto te descuidas, se vuelve a derrumbar todo tu mundo y hay que aferrarse al amor y a la esperanza para seguir adelante y pensar que todo pasará, del mismo modo que lo han hecho las situaciones anteriores. Lo que hay que hacer es darse ánimos mutuamente, primero, al enfermo, que es, al fin y al cabo, el que sufre las consecuencias más graves de la situación, y después, a uno mismo, para poder aparentar que todo es normal, que todo está controlado, y poder darle toda la seguridad que puedas a la persona que más lo necesita, que en nuestro caso era nuestra madre.

Así que volvimos a empezar de nuevo. En cuanto nos decían que tenía algo grave, debíamos pensar en ella, pensar en subirle el ánimo y demostrarle que estábamos con ella, pasase lo que pasase, aunque, como bien os he ido contando a lo largo de los capítulos, mi madre tenía muchísima fortaleza y muchísimas ganas de vivir, además de mucha fe en Cristo. Se aferraba a lo que fuese para seguir caminando por esta vida nuestra, ayudándonos en todo lo que podía.

Ahora se presentaba ante nosotros un nuevo tratamiento: la radioterapia.

Se trataba de una nueva forma de curar el cáncer, pero nosotros no sabíamos nada de ella, absolutamente nada.

Los médicos sugirieron que, como el linfoma es una enfermedad que está relativamente localizada, iban a tratarla con ella.

A mi madre le surgió esa nueva incertidumbre ante su vida: la radioterapia. ¿Qué era? ¿Cómo se llevaba a cabo?¿Qué efectos secundarios podía tener sobre su cuerpo?

Todo enfermo como mi madre debería saber, desde un primer momento, cuál es el tratamiento con el que van a curarle, y qué efectos pueden aparecer derivados de él, porque todo tratamiento lleva consigo una situación difícil y complicada, algunas veces bastante dolorosa. El objetivo es la desaparición de la enfermedad, pero que a veces esa desaparición no es total y lo único que hace el tratamiento es ir alargándote la vida.

Hay que pensar positivamente, porque lo principal es tener ganas de vivir y, sobre todo, pensar que todo va a volver a la normalidad.

Así que todo empezó de nuevo, incluyendo las visitas al hospital. Lo mejor de todo era que mi madre iba al hospital a recibir las sesiones de radioterapia y luego volvía a casa. La teníamos en casa, y eso era, para mí y mi familia, lo más importante. Así podíamos ayudarla en esta nueva fase, y también cuidarla mucho mejor que cuando no tenía más remedio que pasar los días en el hospital.

Fue bastante difícil porque las sesiones de radioterapia eran muy duras. La verdad es que ella volvía derrumbada. Tenía que estar, según nos contaba, totalmente quieta durante todo el tiempo que duraba la sesión. Poco a poco iban surgiendo los efectos secundarios que todos ya conocíamos, porque siempre que empezábamos una nueva etapa, intentábamos informarnos de todo lo que iba a ocurrir. Después de haber atravesado tantos malos tragos como habíamos atravesado nosotros, ya afrontábamos las cosas de otra manera. Intentas saber mucho más de lo que puedes abarcar. Es como si, mediante el conocimiento de la enfermedad, pudieses averiguar qué puede suceder en el futuro.

Esa era la ilusión que nosotros teníamos, porque, por mucho que supiéramos de todos los temas, nunca llegábamos a acertar en nada; sobre todo porque nosotros siempre pensábamos en positivo y, en una situación como la nuestra, casi nunca se ven las cosas en positivo, por lo que hay que poner muchísima fuerza de corazón para volver de color rosa alguna situación que realmente es de color negro.

De todas formas, desde mi punto de vista, cuando hay amor y esperanza, sí que se puede conseguir que la situación cambie.

Es duro, pero puedes hacer que la persona que está enferma vea las cosas de manera diferente. Tiene que tener a su alrededor todo bien organizado y controlado, para que piense que todo va lo mejor posible.

Aunque hay veces que te tienes que tragar tus ganas de llorar, y tu rabia y poner la mejor cara de felicidad que puedas. Es muy difícil, pero por una madre se hace lo que sea porque, al fin y al cabo, ella nos ha dado la vida que poseemos, y le debemos tanto que no podríamos pagarle nunca. Yo he sentido muchísimo dolor, pero también me he dado cuenta de lo que son los padres, de cuánto hacen por ti, y de qué poco se lo agradecemos.

Mi madre continúo con el tratamiento de radioterapia, siguiendo todas las sesiones que tenía programadas para poder terminar con el linfoma que había vuelto a aparecer.

Como supondréis, un tratamiento de esas características tiene sus efectos secundarios, así como sus posibles secuelas, que pueden ser reversibles o no.

Mi madre, como todas las personas, tuvo sus problemas, sus dificultades y sus complicaciones; aunque, como es de suponer en un tratamiento de radioterapia, no fueron tan complicadas como lo hubieran sido si se hubiese tratado de quimioterapia aguda.

En un principio, la piel donde recibía las sesiones se le fue quemando poco a poco, hasta que la fue cambiando, pero eso fue lo de menos porque, una vez cambiada la piel, todo vuelve a la normalidad. Sin embargo, mi madre también perdió parte de las células madre que poseemos en la garganta, las encargadas de segregar la saliva, con lo que, a partir de ese tratamiento, tuvo resfriados muy fuertes y complicados de superar, ya que los mocos se le hacían espesos y no podía deshacerse de ellos. Todo porque su garganta ya no podía realizar sus funciones como antes.

Fue duro, porque cada vez que cogía un simple resfriado, que los demás podríamos superar en 2-3 días, a ella le costaba como mínimo un mes de superar.

Sin embargo, si el problema se hubiera limitado a superar un resfriado difícil y a padecer tos y mocos durante unos meses, mi madre hubiera dado todo su ser porque todo fuera eso.

Capitulo IX
Como una suave brisa

A partir de entonces, al haber superado también con muy buenos resultados la aparición del linfoma, parecía que todo iba volviendo a la normalidad. Ella padecía algunas de las secuelas que le habían quedado por haber recibido todos los tratamientos que hemos comentado anteriormente y también por el padecimiento de la enfermedad del síndrome de Guillain Barré, pero, por lo demás, cada día que pasaba parecía que todo volvía a ser más o menos aceptable; al principio no te lo crees, porque siempre estás al acecho, pero poco a poco te vas acostumbrando y piensas que es posible que todo haya terminado, que vas a tener a tu madre al lado sana, y que puedes pensar en un futuro próximo alegre y feliz, en compañía de los tuyos, todos los tuyos.

Yo por entonces aún estaba soltera y sin compromiso, y volví a sentir ganas de vivir de nuevo, de pensar en posibles planes de futuro, sobre todo porque parecía que mi madre volvía a estar bien. ¡Qué difícil era pensar en tal cosa sin que el corazón se me hiciera un puño!

Ella seguía yendo a las revisiones periódicas, que poco a poco los médicos iban espaciando, a medida que iban haciendo pruebas y viendo que todo volvía a estar bien y que ella estaba cada vez mejor.

Así que todos volvimos a vivir la vida como una vida cotidiana, porque cuando ella estaba en el hospital, la vida cambiaba radicalmente, parecía como si estuvieras dentro de una fatal pesadilla, que nunca terminaba, y de la que intentabas salir una y otra vez.

Yo por aquellos días conocí al que más tarde se convertiría en mi marido. Se produjeron una serie de cambios en mi vida, y entonces fue cuando lo conocí, en mi nuevo trabajo. Yo trabajaba desde hacía más de cuatro años en una pequeña empresa, pero debido a la necesidad de progreso, me fui buscando nuevos avances.

Todo parecía tranquilo, estábamos muy bien. Teníamos también dos niñas en la familia, que es lo que más alegra la vida, porque te quitan de un plumazo todas las preocupaciones y, como todo parecía que iba bien, enseguida te acostumbras a estar al lado de los tuyos con serenidad.

Yo empecé una relación estable con esta persona que os comento que conocí, y la verdad es que todo era feliz. Al margen de algunas discusiones puntuales, como en cualquier pareja normal, todo era muy especial.

Así que, sin darnos cuenta, continuamos con nuestra vida, todos creyendo que al fin tendríamos un poco de paz y estaríamos bien.

Iba pasando el tiempo y todo seguía sereno y sin ningún cambio.

Nació la segunda hija de mi hermano, una niña preciosa y simpática.

Yo empecé a hacer planes de compromiso con mi pareja y a pensar en boda, ¡mi BODA! El día más feliz de tu vida, según cuentan. Pero entonces, a medida que iba acercándose el día de la boda, mi madre empezó a encontrarse mal. Un día se levantó con toda la cara hinchada. También se encontraba cansada y tenía una serie de alteraciones; todo el mundo lo achacaba a los preparativos de mi boda, y a los nervios que ello le estaba provocando.

Finalmente un sábado por la noche, más concretamente el 10 de junio, decidió ir con mi padre y mi tía al hospital para ver qué pasaba. Yo recuerdo que casi siempre iba con ella a urgencias, pero ese día había salido a cenar con mis amigas y estaba en el bar con el móvil conectado para que mi padre me llamara para decirme qué medicación le hacía falta, para así poder buscar una farmacia de guardia y comprarla. Todo esto sucedía a falta de un mes justo para mi futura boda, ya que yo tenía la fecha para el siguiente 8 de julio.

Y entonces, de nuevo, volvió a nublarse todo. Mi padre me llamó al móvil. Serían las 12 de la noche y yo comprendí que la situación no era normal, que algo estaba ocurriendo.

¡No, por favor, no! Por más que gritaba en mi mente, no podía alejar la situación que se estaba aproximando. A mi madre le habían detectado en la analítica de sangre algunas alteraciones que podían indicar que la leucemia se encontraba de nuevo en activo.

Y mi padre me llamaba para que fuera al hospital a por mi tía, ya que mi madre se tenía que quedar ingresada. A partir de ese momento, todo se nublo en mi cabeza, no podía ver nada más que a mi madre de nuevo acostada en la cama del hospital, tan frágil, y con tantas ganas de vivir. ¡Qué injusta es la vida en algunas ocasiones! Lo que pasa es que, mientras no te sucede a ti, no te das cuenta, pero en el momento en que te afecta a ti, qué dura y cruel es, ¿verdad?

Yo me fui con mi pareja al hospital y, mientras íbamos de camino, llamé a mis hermanos para que también fueran partícipes de la situación que se daba de nuevo en nuestra vida. Yo solo pensaba en que quería estar con ella y darle todo mi apoyo en el momento tan duro que estaría pasando.

Y cuando llegué, no pude reprimir las lágrimas al verla de nuevo allí acostada, y dentro de mí pensaba ¿por qué? También deseaba que fuera la última recaída, que no volviera de nuevo la enfermedad. Son momentos muy intensos, por los que pasan por tu mente toda clase de pensamientos.

Le dije a mi padre que me quería quedar con ella, y mi hermano, que también había venido, también quiso quedarse. Mi pareja se quedó fuera, sentado en el hall, y mi hermano y yo nos quedamos en la habitación con ella. Yo me acosté a sus pies en la misma cama, quería estar muy cerca de ella, quería sentirla a mi lado y guardar esa sensación por siempre porque, a partir de ese momento, me volvía a quedar sin ella.

Capítulo X
De nuevo vuelta a empezar

Al día siguiente, hablando con los médicos, nos dijeron lo mismo de siempre: que tenía muchas células cancerígenas y que debían ponerle el tratamiento de quimioterapia enseguida si queríamos que saliese adelante. Pero, al mismo tiempo, no sabían cómo podía reaccionar a los efectos secundarios de dichos fármacos. Qué incoherente: te inyectan una medicación porque si no te puedes morir, pero no saben lo que te puede provocar.

Todo empezaba de nuevo. Después de asumir poco a poco lo que estaba pasando, me di cuenta de que la situación para mí ahora era un poco más difícil porque estaban todos los preparativos de la boda pendientes y todo lo que ello conllevaba, pero lo hablé con mi futuro marido y decidimos aplazarlo todo.

Lo comenté con mi familia, y todos opinaron lo mismo que nosotros, aunque, en un primer momento, me aconsejaron que lo hiciera, yo creo que por miedo a que ella se fuera. Pero yo lo tenía muy claro y no quería hacer una de las cosas más importantes de mi vida estando ella en el hospital, no podría soportarlo.

Era mi boda, pero también era la vida de mi madre y, por supuesto, mi boda podía esperar. Yo quería estar con ella y cuidarla porque no sabía cuánto tiempo iba a estar con nosotros.

Íbamos a aplazarlo todo y ya veíamos como iban evolucionando los acontecimientos. Nunca hay que perder la esperanza, por mínima que sea.

Aunque a veces lo ves todo tan cuesta arriba que piensas que no vas a poder recorrer el camino, yo siempre me aferraba a lo que fuese.

Así que volvimos a empezar una nueva etapa en el hospital. Ella estaba mal y había que hacer lo que fuese por seguir adelante.

Con la ayuda de mis familiares y mi pareja, fui aplazando todo lo relativo a mi futura boda, sin una fecha exacta a la que poder optar.

En esos momentos solo sabíamos que mi madre iba a recibir un ciclo de quimioterapia fuerte, y no sabíamos lo que iba a ocurrir, solo había que dejar pasar el tiempo.

Se trataba de una recaída después de cinco años de estar completamente sana. A veces te paras a pensar en por qué ocurren las cosas, ¿por qué? ¿Por qué no podía seguir todo como estaba, ¿por qué?

Justo en ese momento, después de cinco años, en el que yo me iba a casar y ella estaba muy feliz

¿Por qué?

Pero después piensas que no pasará nada, que ella recibirá su correspondiente tratamiento y continuará con su vida a nuestro lado. Pero es muy duro volver a el hospital, después de tanto tiempo bien. Cuando entras en el hospital, es como si estuvieras viviendo una vida diferente, esperando que se termine para poder volver a tu vida normal y feliz.

Pues bien, le pusieron enseguida el ciclo de quimioterapia, creo que en tres días, porque ella ingresó el sabado 10 de junio, y empezaron con el tratamiento el miércoles de la siguiente semana. Todo era rápido y eficaz. Ella tenía muchas células malignas (blastos), y no podían esperar a que hubiesen más.

Yo nunca perdía la esperanza, porque mi madre era muy fuerte, y se aferraba a la vida. Yo siempre la veía valerosa y animosa, pero cuando le ponían los ciclos de quimioterapia, se quedaba indefensa y débil en esa pequeña cama de hospital. Parecía que por unos días, le quitaban un poco de su espíritu, de su fuerza, y nosotros estábamos en vilo, esperando esa respuesta, ese día en el que ella volvía a luchar, y la veías revivir, y te decía "quiero irme contigo a casa".

Es doloroso, porque hay días en los que lo abandonarías todo… mejor no pensarlo. Pero hay que seguir adelante. En esos momentos tan duros nosotros éramos la fuerza que ella necesitaba para seguir adelante, tenías que darle los ánimos que le hacían falta, porque había muchos momentos en los que ella tiraba la toalla, y con razón…

En esos momentos nosotros éramos su vínculo más importante con este mundo y teníamos que agarrarnos a ella con vigor, coger todo su espíritu y no dejar que pensase en ningún momento en que podía pasar lo peor; aunque nosotros lo estuviésemos pensando.

Volvíamos a estar en la etapa del ciclo de quimioterapia: ahora vendría la fiebre, los vómitos, la posible diarrea… y más reacciones que incluso podía ser que todavía no conociésemos, porque, según los fármacos que le ponían, causaban unos u otros efectos.

Y como esperábamos vino la fiebre, difícil de controlar y que no podían localizar, y vino la diarrea, que era lo que más le dolía a mi madre, porque padecía mucho cuando la teníamos que limpiar, aunque para nosotros fuera todo un orgullo hacerlo. ¿Qué no harías por tu madre?

Fue una recaída bastante difícil de soportar. Yo estaba con ella cuando podía porque, con el trabajo, apenas podía estar durante el día, sí por la tarde y noche, pero siempre que podía me escapaba.

Me encantaba estar allí, porque hablaba con ella y conversábamos de todo, y pensábamos en la boda, porque yo sabía que ella iba a estar en mi boda

Era mi más valioso deseo: que ella estuviera allí, a mi lado, cuando yo decidiera compartir mi vida con mi pareja.

Poco a poco fuimos viendo como ella volvía a revivir y salía hacia delante. Con los cultivos que le hacían, fueron encontrando el bichito (como los médicos lo llaman) de la fiebre tan alta, y pudieron luchar contra él, pudiendo acabar para siempre con la fiebre y, por lo tanto, con el malestar que ello provoca.

Sólo tuvo un pequeño percance: le salieron unas manchas en las piernas, muy extrañas y a su vez un poco sospechosas, aunque la médico que en esos días la trataba hacía caso omiso. Nosotros pensábamos que sería porque no tenían importancia, pero como siempre te quedas con la duda, y a ella no parecía importarle en absoluto, pedimos una segunda opinión.

Vinieron dos médicos, jóvenes, emprendedores y con muchísimas ganas de escuchar e intentar dar una solución.

Primero le hicieron una biopsia de las manchas y la analizaron, ¡qué daño le hicieron a la pobrecita! Pero entonces dieron con la solución: las dichosas manchas tenían que ver con la falta de plaquetas en la sangre, es decir, que el mismo cuerpo estaba intentando avisar de que no tenía dichas células. Qué inteligente es el cuerpo humano, y cuánto se puede aprender de él.

Nosotros le comentamos a la médico que por qué no le ponía plaquetas. Normalmente, en cuanto le ponían el ciclo de quimioterapia, le suministraban bolsas y bolsas de plaquetas, para poder restaurar la situación adecuada dentro del cuerpo. El tóxico que compone los fármacos que le inyectaban lo destruye todo: lo maligno y lo benigno, y, como es de suponer, hay que reponer lo que nos hace falta.

¿Verdad que es una afirmación fácil de entender? Pues parece ser que la médico que teníamos en esos momentos no la entendía. Al parecer era una médico extranjera, aunque no por eso la estoy menospreciando, pero la verdad es que daba la impresión de que no podía con todo el trabajo que tenía. Lo que yo no entiendo, ni entenderé nunca, es como le dan responsabilidades tan importantes a médicos a los que les hace falta ayuda, porque, al fin y al cabo, la enfermedad de mi madre era de carácter prioritario porque podía empeorar e incluso llegar al fallecimiento.

Capítulo XI
Relámpago de vida

Al empezar a ver de nuevo la luz al final del túnel, volví a retomar los preparativos para la boda, que tenía abandonados. Me dieron fecha para octubre, más concretamente para el día 23.

Ella salió adelante. El 13 de julio le dieron el alta y nos la llevamos a casa, aún un poco débil, pero ya bastante recuperada.

Lo que sucedía es que la tenían que volver a ingresar porque, como ya he comentado, primero le suministraban un tratamiento de quimioterapia de choque y, después, la tenían que tratar con un ciclo de mantenimiento, que era más flojo pero que suponía estar igualmente ingresada.

Así que volvió a ingresar para tratarse de nuevo, pero esta vez fue casi como un soplo, apenas nos dimos cuenta ya estaba en casa, preparando conmigo la boda.

Volví a pedir cita con la boutique donde había encargado el traje, y volvimos a ir a probármelo.

Todo volvía a ser bonito, ya estábamos preparando de nuevo la boda, y ella estaba conmigo.

Llegó la boda y todo fue muy especial, porque todo el mundo se volcó con ella. Para mí, fue el día más especial de mi vida.

Yo decidí dar gracias y leer lo siguiente:

" Gracias Señor por la vida, algo tan importante que apenas valoramos, siempre pendientes de las cosas más insignificantes.

Gracias por dejar que este día tan especial para nosotros podamos compartirlo con nuestros seres más queridos, ante todo

gracias porque tengo mi corazón lleno de gozo y alegría, tengo a mi lado a la persona que a mí me dio la vida, que deseaba estuviera en este mismo lugar, lo he deseado con tanta fuerza, que se ha visto cumplido mi deseo.

Gracias.

Creo que es lo que más debe de importar, el que tienes a tu lado a la gente que te quiere, y que al final del trayecto todo llega a buen fin.

Gracias por mis amigos, aquellos que están a mi lado sin pedir nada a cambio.

Gracias por los seres queridos que te apoyan y dan ánimo siempre que lo necesitas.

Gracias por el que ya es mi marido, sin el apoyo del cual no hubiera podido llegar a conseguirlo.

Por todo gracias."

Me casé, y me fui de luna de miel, fue todo muy especial.

Volvimos a la normalidad, me puse a vivir justo al lado de mi madre, siempre cercana a ella, porque sabía que en cualquier momento le podía hacer falta.

Por desgracia, durante esos meses, mi suegro enfermó. Le hicieron varias pruebas de importancia, y, al final, le diagnosticaron un cáncer de esófago. La verdad es que es un cáncer doloroso y rapidísimo. Cuando se lo detectan ya estaba bastante extendido.

Mi suegro era una persona con mucha fuerza de espíritu. Era optimista, bromista, muy divertido y con muchas ganas de vivir.

Desde el primer día que entre en su casa como su futura nuera, me gustó, me pareció una buena persona, y muy simpático, congeniamos bastante.

No podían medicarlo con ciclos de quimioterapia, porque mi suegro arrastraba muchas dolencias de cuando era niño. Solo le funcionaba un riñón, pero no en su totalidad, y además tenía otros problemas que dificultaban la aplicación de la quimioterapia.

Aún así, intentaron aplicarle un ciclo, para ver cómo reaccionaba, y estuvo fatal. A partir de ese momento pasaron a considerar la opción de operarle e intentar quitarle el cáncer pero, al abrirlo, detectaron que el cáncer estaba demasiado pegado a los órganos de alrededor y era imposible hacer nada. Solo podían cerrar y esperar.

Recuerdo que él se encontraba muy bien después de la operación porque creía que había sido satisfactoria y que en unos días la enfermedad iría remitiendo y que cada vez estaría mejor.

También me viene a la mente la noche que nos llamó uno de los tíos de mi marido, que se encontraba con su madre en el hospital, y yo, al oírlo hablar le dije que me iba también con él. No sabía lo que podía pasar y yo también lo apreciaba mucho.

Nos fuimos al hospital. Mi marido entró en la habitación y le cogió la mano. En unos instantes, dejó de respirar. Fue tan triste, me sentí totalmente vacía, viendo como mi marido intentaba, con su fuerte abrazo, recuperar un anhelo de vida de su padre. Nunca había sentido todos los sentimientos que sentí en esos momentos, y nunca me gustaría volver a sentirlos.

Sólo tengo palabras de agradecimiento para mi suegro, que hizo que mi relación con su familia fuera más amena y fácil, me ayudó y me apoyó siempre.

Gracias por haber tenido la oportunidad de conocerte.

Después de esto, mi marido pasó una etapa difícil, en la que yo no le ayudé como habría debido. Me porte egoístamente en muchas ocasiones, y ahora me arrepiento. Aunque no sé si él me lo habrá perdonado totalmente, yo siempre le daré las gracias por todo lo que él ha hecho por mí. Doy gracias a Dios por tenerlo todos lo días. Sin él, mi vida no sería igual.

Unas semanas después me enteré de que estaba embarazada, ¡estaba embarazada! Era algo que yo nunca creía que podía pasarme a mí, porque siempre he tenido algo de miedo y he sido un poco reservada para estas situaciones.

Así que empecé a ir a las revisiones periódicas, y todo iba muy bien. Tenía algo de angustia, pero entraba dentro de lo normal en un embarazo.

Luego descubrimos el sexo del bebé. Era un niño y ya teníamos nombre: se llamaría como su abuelo —mi suegro—, en memoria de él, y también como su padre.

Parecía que todo iba aclarándose, aunque teníamos mucha pena por la ausencia de mi suegro, que iba pasando, aunque en el corazón continuaba latente.

Pasaron unos meses. Mi barriga iba creciendo por momentos, ya se veía que iba a ser un niño alto. Yo seguía con la angustia, pero todo estaba tranquilo. Mi madre estaba muy emocionada porque iba a ser abuela de su primer nieto, porque hasta ahora todo lo que había tenido eran nietas.

Y entonces pasó de nuevo: mi madre empezó a encontrarse mal y a sentirse cansada.

Decidimos ir al hospital. Recuerdo que estábamos a mediados del mes de diciembre, y estuve con ella, mi marido y mi padre en el hospital. Teníamos el corazón en un puño. Toda mi mente luchaba por pensar que no pasaba nada, esperando que todo fuera una falsa alarma.

Pero volvió a pasar: le hicieron una analítica, y todo empezó de nuevo, después de un año sana. Enseguida nos dijeron que estaba la leucemia otra vez en activo.

Yo pensaba ¿por qué? Se trataba de un momento muy especial. Yo estaba embarazada y deseaba tenerla a mi lado para poder preguntarle todas las dudas que me surgieran.

Como se hizo muy tarde, y aún no la habían ingresado, decidimos que me fuera a casa, por la situación en la que me encontraba, y se quedaron mis hermanos y mi padre con ella.

Todo volvió a estar gris. Se acercaba la época de navidades, aunque por nuestra parte teníamos una ausencia, y no iba a ser del todo plena. Pero un embarazo siempre parece ser una alegría y anima en cualquier situación.

Yo estaba muy nerviosa. No quería ni pensar en que debía de seguir con mi embarazo y mi madre no iba a estar conmigo. ¿Qué iba a pasar? Yo estaba de aproximadamente siete meses, en el último trimestre.

A mi madre la ingresaron y le pusieron el ciclo de quimioterapia como las veces anteriores.

Recuerdo que esas navidades apenas me daba cuenta de qué día era, solo pensaba en estar con ella el máximo tiempo posible.

Recuerdo que mi padre me dijo que no me quedaría ninguna noche en el hospital porque no estaba en situación de dormir allí tan mal con mi hijo. Yo le dije que me parecía correcto, pero que no evitaría que estuviera con ella durante el día, que iba a estar todo el tiempo que pudiera.

Yo me levantaba con la ilusión de que iba a pasar la mayor parte del día a su lado, hablando con ella, y mi hijo iba a estar oyendo a su abuela, porque no sabía si la podría oír cuando naciera.

También conocimos a gente muy especial. Estuvimos juntas todos los días de su ingreso en el hospital. Recuerdo que ella tenía mucha fuerza al verme allí, y les decía a sus enfermeras y médicos que su nieto la estaba cuidando incluso antes de nacer.

Tenía mucha fuerza porque pensaba en mi hijo, y en que nacería en breve y quería estar bien para poder conocerlo y abrazarlo.

El médico que tuvo en ese ingreso fue extraordinario, era un chico joven y volcado con su trabajo, no dejaba de estar pendiente de ella. Recuerdo que todo el mundo fue muy atento. Además, estaban pendiente de mí, ya que me veían con la barriga. Siempre me decían que no hiciera ningún esfuerzo, que tuviera cuidado. En esa planta la gente es generosa y muy cariñosa.

Recuerdo que conocimos a una chica joven que venía de Sevilla y había estado muy grave. Era una persona maravillosa y disfrutaba de la vida como nunca lo había visto hacer a nadie. La verdad es que los que nos encontramos bien de salud no nos damos cuenta de lo que tenemos.

Viendo a mi madre sufrir tanto y aferrarse una y otra vez a la vida, me he dado cuenta de que no hay problema que no se pueda superar, y que no hay razón para perder a ningún amigo o familiar por no limar asperezas.

Mi madre sufrió varios golpes fuertes durante esta etapa, y estuvo en varias ocasiones a punto de tirar la toalla completamente y dejar de luchar.

Esta vez, los efectos de la quimioterapia afectaron a algunos órganos. Uno de ellos fue el hígado. Recuerdo que se puso muy amarilla, incluso tenía amarillos los ojos, y empezó a vomitar un líquido desagradable.

Entonces su médico nos dijo que el hígado había sido afectado por el tratamiento y posiblemente no estuviera realizando sus tareas dentro del cuerpo, por lo que había que medicarla. Estuvimos varias semanas en vilo.

Recuerdo uno de los peores días, en los que incluso llegué a creer que mi hijo venía al mundo antes de tiempo.

Ese día estaba yo sola con ella, estábamos charlando y descansando en la tranquilidad de la habitación. En aquellos momentos estábamos solas, no teníamos a ningún vecino al lado.

Entonces ella empezó a respirar mal, y empezó a decirme que se encontraba mal y que estaba muy débil. Me decía que me tenía que encargar de muchas cosas y lo que tenía que hacer en su casa. Yo le decía que no se preocupara, que solo sería un desvanecimiento a causa de tanta medicación.

Ella seguía diciéndome que por favor llamará a mi padre, a mis hermanos, a mi tía. Entonces yo me puse nerviosa, estaba en esos momentos de casi ocho meses de embarazo. Seguía diciéndome que, cuando pasase lo que tenía que pasar, que no quería que estuviera el ataúd destapado. Ella siempre había sido muy presumida y no quería que la viesen así.

Entonces yo empecé a llamarlos a todos, que acudieron muy rápidos. Todo era un verdadero mar de lágrimas y yo empecé a encontrarme mal, me dolía mucho la barriga. Las enfermeras me sacaron a la fuerza de la habitación y me llevaron a su cuartito, donde me sentaron y me dieron tila, pero en cuanto pude me fui y me senté a los pies de su cama. No podía estar lejos de ella, era mi madre, mi madre, y estaba yéndose, justo cuando yo más la necesitaba.

¿Por qué? Que pare, por favor, que pare esta secuencia, que vuelva a estar como antes, contándome cómo era yo de pequeña, contándome qué debo hacer con mi bebe. Dios mío, déjamela.

Todo paso muy lentamente. Llamaron al médico de guardia. Era joven y parecía muy atento. Estuvo reconociéndola y dijo a las enfermeras que le pusieran unas bolsas de sangre inmediatamente.

En cuanto le pusieron la sangre, mi madre comenzó a cantarle a mi padre, comenzó a hablar y a sonreir. Estaba de nuevo con nosotros, fue como un pequeño milagro.

Todo siguió dentro lo habitual, el hígado volvió a su situación normal y, cuando nos dimos cuenta, le estaban dando el alta. Sería hacia finales de enero. A mí me quedaba solamente un mes para dar a luz a mi hijo, que también había pasado parte de la experiencia, porque, aunque en mi barriga, pero había podido sentir todos los sentimientos que yo estaba sintiendo.

El último mes de embarazo fue diferente, porque ya lo notaba cuando se movía, y pude disfrutar de tener a mi hijo en mis entrañas.

Mi madre iba a estar en casa, aunque seguramente debería volver al hospital a finales de marzo a ponerse la segunda parte del tratamiento, que normalmente siempre era menos agresiva.

El tiempo siguió pasando, y llegó el día del parto. Llegó mi hijo al mundo.

Mi mayor deseo era volver a casa y poder dejárselo en brazos a mi madre.

Para mí ha sido uno de los momentos más importantes de mi vida. Esa imagen aparece siempre en mi mente cuando me encuentro triste o incluso con algún problema. Me ayuda a seguir adelante, cierro los ojos y veo su sonrisa y el cariño con el que miraba a mi hijo, y lo orgullosa que estaba de tenerlo en sus brazos.

Después, como esperábamos, la llamaron para terminar la medicación. Pero esta vez fue diferente. La pusieron en la zona de transplantes, donde las habitaciones son individuales, tienen un sofá cama para el acompañante, y todo es más tranquilo y personalizado.

Yo apenas podía ir a verla porque tenía a mi bebe que dependía totalmente de mí, y al que le estaba dando de pecho. Por ello, me pasaba los días llamando al teléfono de la habitación.

La verdad es que la etapa en el hospital pasó rápido y, cuando nos dimos cuenta, la teníamos de vuelta en casa.

Yo estaba esperando a que se recuperara para poder bautizar a mi hijo. Y así lo hicimos, a mediados del mes de junio lo bautizamos. No se lo dije a nadie, solo a mi familia, porque fue rápido. Con todo lo que había sucedido con mi madre, apenas había tenido tiempo para nada. Solo pensaba en bautizar a mi hijo, y que mi madre pudiera participar de ello.

Así que tuvimos un bautizo feliz y todo pasó muy agradablemente.

Capítulo XII
El frío obstáculo

Volvimos a estar todos en casa, pero siempre estábamos pensando en que podría pasar ahora, en si ya estaría totalmente recuperada o si volveríamos a encontrarnos en la incertidumbre de no saber lo que podría pasar....

Y en el siguiente mes de julio, volvió a ocurrir. Mi madre, de nuevo, no se encontraba bien, pero no quería decirlo, porque creo que ella también estaba asustada de volver a empezar, y más cuando aún estaba tan reciente la anterior recaída.

Pues bien, nos fuimos al hospital de urgencias y enseguida le hicieron pruebas y analíticas, de manera rápida y eficaz, y más viendo el expediente que mi madre tenía.

Y como nos temíamos, la leucemia volvía a estar ahí. Parecía mentira, hacía apenas un par de meses que mi madre se había recuperado de una recaída bastante fuerte y la enfermedad volvía a estar ahí.

Los médicos nos aconsejaron. Algunos lo daban todo por perdido y le dijeron a mi madre que se pensara si quería volver a ponerse un ciclo de quimioterapia, porque podía ser que ya no lo tolerara tan bien como hasta entonces. ¿Por qué? ¿Y quien era él para decidir lo que debía o no debía hacer? Mi madre estaba triste y desolada. No podía plantearse volver a empezar de nuevo en tan poco tiempo.

Así que, como era fin de semana, le dijeron que se fuera a casa se lo pensara con calma, y que el lunes volviera para ingresar y someterse a un tratamiento, si así lo había decidido.

Mi madre estuvo muy desolada el resto del fin de semana, pero al final decidió luchar de nuevo. El lunes iría al hospital y volvería a empezar.

Así lo hicimos. El lunes mi madre ingresó en el hospital y empezaron a tratarla con quimioterapia y todo lo que le correspondía.

Al principio, pasaba lo mismo que durante las anteriores recaidas: mi madre tendría que ponerse mal para vencer la enfermedad y poder recuperarse y volver a la normalidad, como siempre había hecho.

Pero esta vez habían más complicaciones que las veces anteriores, sobre todo porque mi madre estaba mucho más castigada que antes, porque había más efectos secundarios, y porque ya no era tan joven. Mi madre llevaba muchos años luchando contra la enfermedad.

Tuvo muchísima fiebre. Lograron poco a poco detenerla, pero tuvo un percance bastante grave, y la médico que la llevaba en esos momentos, en lugar de ayudarla a recuperarse, consiguió que mi madre empeorara. Mi madre tenía muchísima tos y, por las noches, se quedaba bastante aturdida, por lo que la médico no se lo pensó dos veces y le dio una pastilla para la tos, que además de ser adictiva, dejaba a mi madre totalmente drogada. Recuerdo haber llegado un día para estar con ella, y mi madre decirme que la ayudara porque no podía ni abrir los ojos.

Yo rápidamente fui a ver a las enfermeras, a las que tengo que darles la enhorabuena porque todas las que hay en esa planta son excepcionales, y les pregunté qué medicación llevaba mi madre para la tos, y cuando me dijeron el medicamento, me informé y les dije que dejaran de darle dicha pastilla, que yo iba a hablar con la médico y decirle lo que estaba ocurriendo, y así lo hice.

Al final le quitaron dicho medicamento a mi madre y poco a poco volvió a la normalidad, aunque os puedo decir que tuvo hasta el síndrome de abstinencia, por la necesidad de tomar la pastilla. Menos mal que no llegamos tarde. Está claro que los enfermos que están en dicha situación padecen mucho y hay veces que hay que ayudarles para que no les sea tan difícil. Pero yo aún sigo pensando que lo que hizo la médico con mi madre fue un poco como quitarse de encima un incordio, pero claro está, esta es mi opinión.

Mi madre continuaba luchando por volver a la normalidad, aunque esta vez le estaba suponiendo mucho más esfuerzo.

Le tuvieron que poner oxigeno bastante alto porque, según nos dijo el nuevo médico —porque después de lo ocurrido pedimos un cambio de médico—, mi madre se había contagiado de una especie de hongo que tenía en los pulmones y tenía menos capacidad para respirar.

Esto nunca le había ocurrido. Había tenido neumonías que había conseguido superar, pero esta situación era diferente y mi madre parecía también diferente. Yo la veía tan frágil, tan débil...

Parecía que no quisiera luchar como otras veces, parecía derrotada por todo.

Capitulo XIII
Una nueva vida

Entonces empezó a empeorar, y su ánimo decaía cada vez más. Yo no quería ver lo que estaba ocurriendo, pero ella estaba cediendo a la enfermedad, estaba abandonando la lucha.

Empezó a tener efectos secundarios que hasta ese momento nunca había tenido. Vomitaba mucho, porque tenía muchísimos mocos. Yo la veía cada vez más ausente, más decaída, y la verdad es que dolía ver como poco a poco iba perdiendo la fuerza, las ganas de vivir que ella siempre había tenido.

También le salieron varias llagas que complicaban bastante la situación.

Esta vez no era como las demás, era muy diferente.

Yo hablaba con ella y no encontraba la fortaleza que siempre te tranquilizaba.

Hasta que un día me dijo que quería irse a casa, porque ella quería morir en su casa. Yo le dije que no iba a ocurrir eso, pero ella me dijo que se había cansado de luchar, que no podía más ¿por qué?

Mi madre estaba yéndose y no podía hacer nada. ¿Por qué es tan injusta la vida? ¿Por qué tienen que padecer tanto las buenas personas?

Al final, después de recapacitar y meditar, decidimos que haríamos todo lo que fuera por cumplir su deseo de llevarla a casa. Al principio, no estuvimos todos de acuerdo, pero empezamos a hacer las gestiones. Busqué una cama motorizada, buscamos el oxigeno que necesitaba, pedimos material de enfermería...

Les pedía a las enfermeras que me enseñaran a curarle las llagas y, poco a poco, fuimos preparándolo todo.

Costó un poco más de lo que pensaba, y mi madre estuvo unos días enfadada porque pensaba que no lo estábamos consiguiendo.

También tuvimos que hablar con su médico, para que le quitara toda la medicación por vena, y también nos hiciera el planning de las analíticas.

Llegó el día en el que ya estaba todo preparado en casa. Nos la llevaríamos allí. Estábamos nerviosos porque queríamos que todo saliera bien.

Estuvimos esperando prácticamente todo el día, y al final nos dieron la ambulancia. Yo la acompañe en ella para que no fuera sola.

Llegamos a casa y entramos en su habitación.

Ya tenía preparado: el oxígeno, su cama, todo....

Era especial tenerla en casa, pero a la vez tan triste, pensar que podían ser los últimos días que estuviésemos con ella.

Esa noche la pasó bastante mal, pero fue porque el oxígeno no estaba bien y no respiraba correctamente, pero eso se solucionó.

Después vinieron a sacarle sangre y fue horrible. La pobre tenía todas las venas destrozadas por la medicación y los goteros. Pero consiguieron sacarle sangre, y estaba limpia, todos los valores eran los correctos. Pero estaba mal. El hongo que tenía en los pulmones seguía haciendo mella en su frágil organismo.

Uno de los pocos días que pasó con nosotros en casa, se despertó y no parecía encontrarse bien, estaba diferente, no podía apenas respirar.

Llamamos al médico de guardia y, cuando la reconoció, no puso buena cara.

Yo estuve todo el día con ella y, cuando llegó la noche, le dije a mi padre que no me iba a ir, que me quería quedar con ella. Mi hermana también se quedaba, y mi padre. Decidimos turnarnos durante la noche, uno de los tres estaría a su lado, y los demás descansarían. Mi tía, que también estaba con nosotros, se fue a su casa a descansar, y le dijimos que si había alguna novedad, la llamaríamos.

Yo me senté enfrente de ella, y entonces me di cuenta de que su respiración cambiaba, que iba decayendo. Entonces se lo dije a mi padre y a mi hermana, y rápidamente nos fuimos a abrazarla, empezamos a llamarla: "madre, madre....". Mi padre la cogía e intentaba levantarla, pensando que aún estaba con vida; y ella ya miraba al vacío. Mi madre ya no estaba.

Entonces dejó de respirar plácidamente, y dos lágrimas cayeron por sus mejillas.

Se fue tranquilamente, sin sufrimiento alguno. Ella dejó de luchar y nosotros nos quedamos vacíos, apenados y totalmente desolados.

Yo me arrodillé a su lado y la toqué. Estaba totalmente fría, era mi madre, pero ya no estaba, ahora solo era el cuerpo de mi madre sin vida, que yacía a mi lado, allí, tan frágil, tan delicado; y a su vez tan valiente hasta el último momento.

Llamamos a mi hermano y a mi tía, que se unieron a nosotros en este triste escenario, y también la abrazaron, intentando sentir un anhelo de vida en su cuerpo que ya no existía.

Al principio cuesta pensar lo que viene después, solo tienes en la mente que ella ya no está, ni volverá a hablarte, ni a aconsejarte...

Yo creo que en un primer momento no te das cuenta exactamente de la relevancia que tiene la pérdida de un ser querido, porque estás totalmente desorientado, afligido y disgustado.

Yo tenía dentro de mí una mezcla de nostalgia, desánimo, dolor, y mucha rabia. Rabia hacia todo el mundo. Pensaba en por qué me había tenido que pasar a mí, por qué a mi madre. Una persona tan buena, tan creyente, con tanta fe, alegría y entusiasmo por la vida como ella.

Perder a un ser querido es un golpe duro, que nunca se debería sentir, pero que por desgracia ocurre en numerosas ocasiones a lo largo de la vida, y nunca estamos preparados para poder sobrellevarlo como quisiéramos.

Yo siempre tendré en mi corazón a mi madre, para el resto de mi vida. Ha sido y será una persona muy especial en mi vida, y me ha costado volver a la normalidad sin su apoyo.

En un principio estaba fuera de mí, solo tenía fuerzas para castigar a todo el mundo con mi mal humor, mi rencor. Siempre me arrepentiré de ello.

Yo sólo quiero ser para mis hijos lo que ella era para mí, y sentir esa complicidad y amor que tenía con ella.

Espero que se sienta orgullosa de mí. Siempre la tendré en mis pensamientos y, aunque mis hijos no la han conocido, sí que conocerán su historia a través de este legado suyo, que ella quería que hiciese, y que yo, con mucho orgullo, espero haber realizado como ella hubiera querido.

Gracias por haberme dado la oportunidad de tenerte como mi madre.

No hubiera querido otra madre.